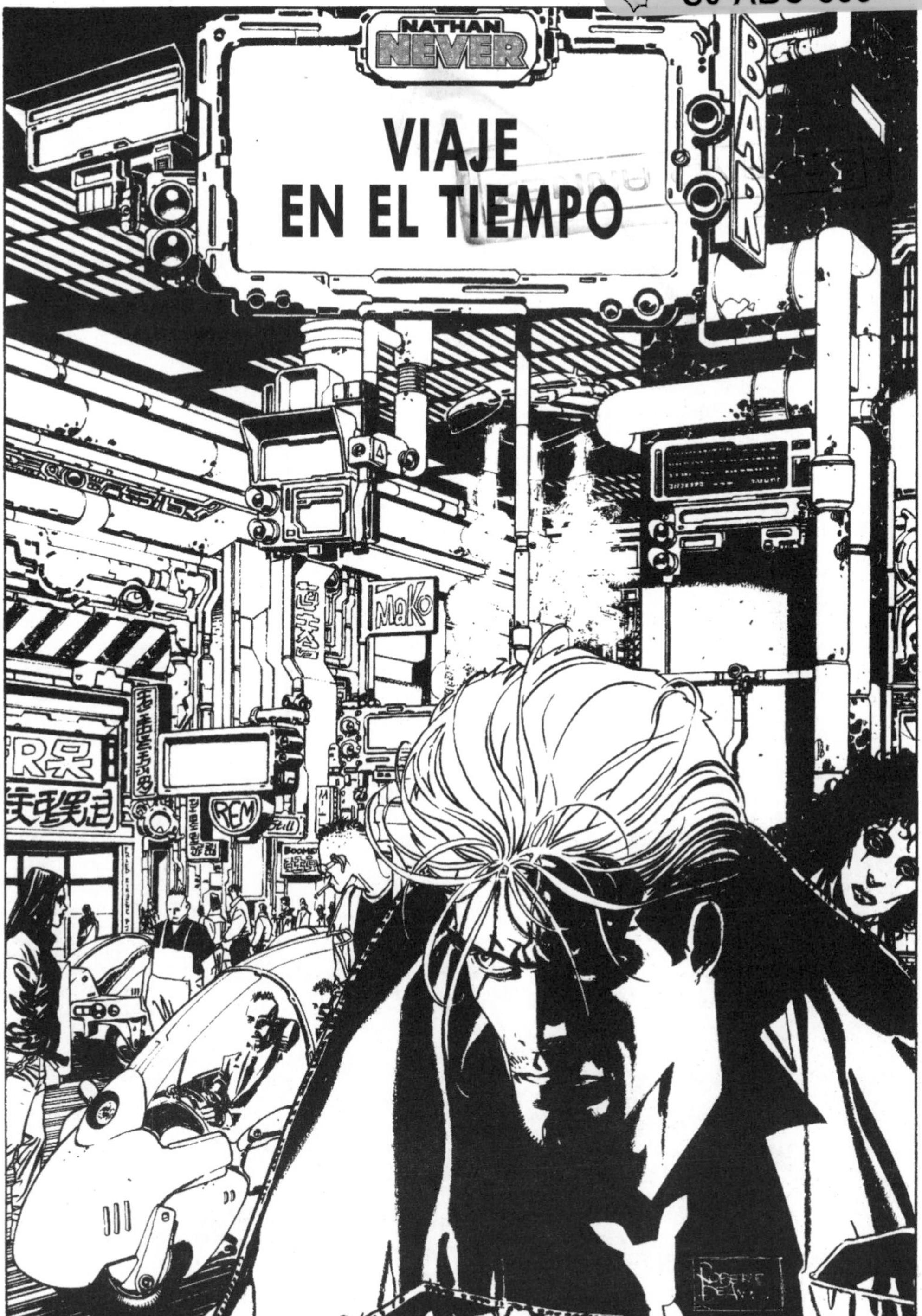
NATHAN NEVER
VIAJE
EN EL TIEMPO
BAR
MaKo
REM

RESUMEN DEL NÚMERO ANTERIOR

El **doctor Odaka**, con la ayuda de **Mister Alfa**, se han hecho con el control de los **Pilares de la Atlántida**, máquina capaz de anular las barreras del espacio-tiempo.

Odaka quiere servirse de los pilares para realizar sus propios planes: reconvertir la Tierra al Cretáceo superior, uno de los periodos históricos en el que los dinosaurios dominaban nuestro planeta.

El gobierno encarga la investigación a la Agencia Alfa, que en el pasado ya había tenido diversos problemas con los pilares, y **Solomon Darver**, actual responsable de la agencia, con voca a los agentes especiales **Nathan Never**, **Legs Weaver** y **Branko** para llevar a cabo la misión.

El primer paso es el de interrogar al doctor Akita, uno de los científicos del equipo del gobierno encargado de estudiar el funcionamiento de los pilares, los tres agentes Alfa llegan a la conclusión de la culpabilidad de Odaka.

Después de enviar una sonda al sector 109, se confirma que la zona está llena de vegetación y de monstruosos saurios... ¡Odaka ha conseguido convertir la zona en una tierra con la flora y fauna de una antigua época!

Antes de introducirse en la zona afectada, protegida por un campo de fuerza, Nathan y sus compañeros consiguen la ayuda de **Ran**, una mujer creada artificialmente y vieja amiga de

Nathan que, gracias a sus sentidos increíblemente desarrollados, se revelará como una guía sin igual.

A causa de un terrible ataque de un dinosaurio, nuestros protagonistas terminan encontrándose con **Zemir**, de la estirpe de los **Venerables**, antiguos habitantes de la Tierra.

Zemir cuenta a Nathan como su pueblo se muere víctima de una cruel guerra civil entre los **Sheir**, una especie de ecologistas del pasado (raza de la cual él forma parte) y los **Terax**, que intentan hacerse con una nueva fuente de energía que hará que ganen la guerra.

Los agentes de la Agencia Alfa y Ran en la jungla prehistórica.

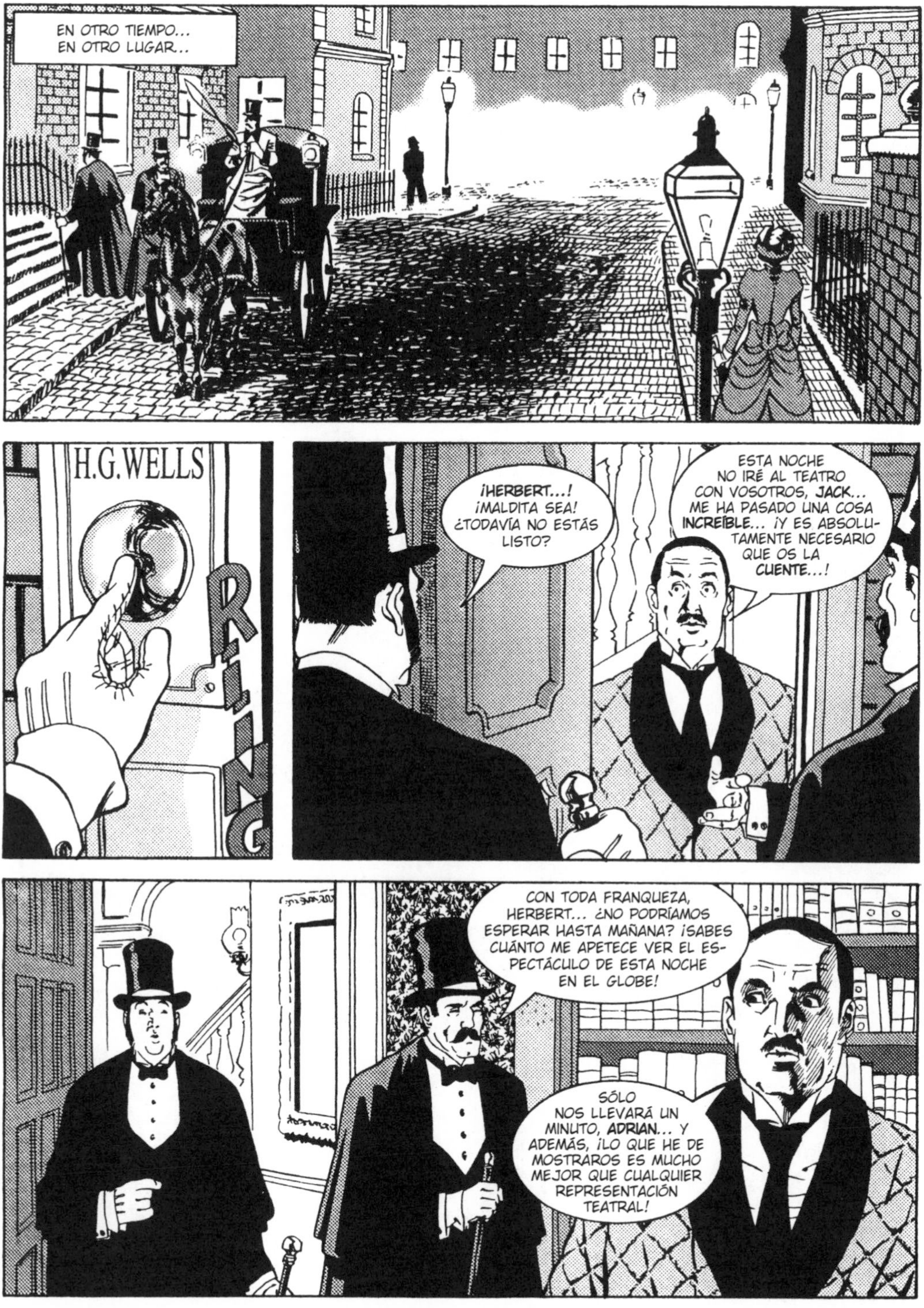
EN OTRO TIEMPO...
EN OTRO LUGAR...
H.G.WELLS
RING
¡HERBERT...! ¡MALDITA SEA! ¿TODAVÍA NO ESTÁS LISTO?
ESTA NOCHE NO IRÉ AL TEATRO CON VOSOTROS, JACK... ME HA PASADO UNA COSA INCREÍBLE... ¡Y ES ABSOLUTAMENTE NECESARIO QUE OS LA CUENTE...!
CON TODA FRANQUEZA, HERBERT... ¿NO PODRÍAMOS ESPERAR HASTA MAÑANA? ¡SABES CUÁNTO ME APETECE VER EL ESPECTÁCULO DE ESTA NOCHE EN EL GLOBE!
SÓLO NOS LLEVARÁ UN MINUTO, ADRIAN... Y ADEMÁS, ¡LO QUE HE DE MOSTRAROS ES MUCHO MEJOR QUE CUALQUIER REPRESENTACIÓN TEATRAL!

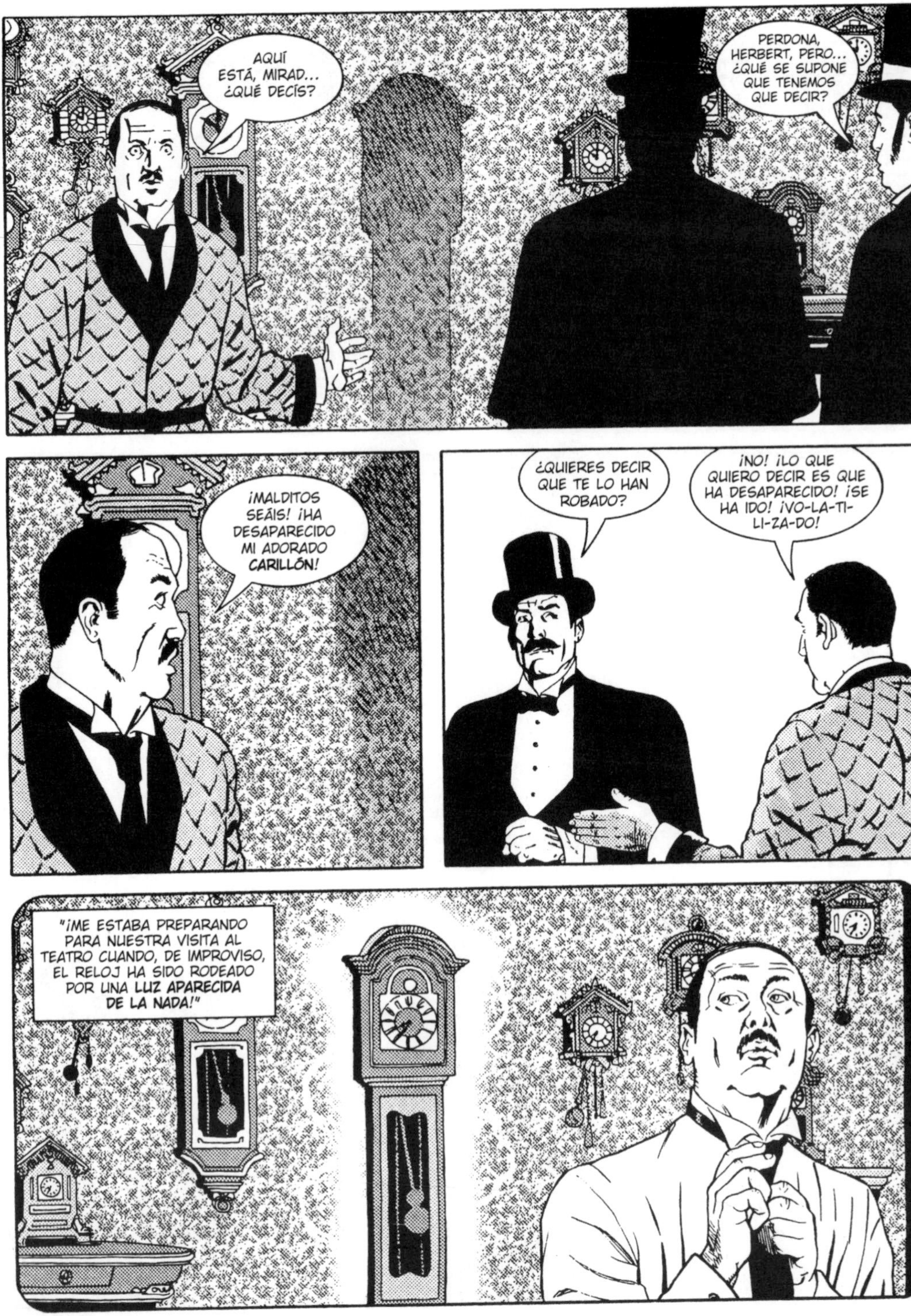
AQUÍ ESTÁ, MIRAD... ¿QUÉ DECÍS?
PERDONA, HERBERT, PERO... ¿QUÉ SE SUPONE QUE TENEMOS QUE DECIR?
¡MALDITOS SEÁIS! ¡HA DESAPARECIDO MI ADORADO CARILLÓN!
¿QUIERES DECIR QUE TE LO HAN ROBADO?
¡NO! ¡LO QUE QUIERO DECIR ES QUE HA DESAPARECIDO! ¡SE HA IDO! ¡VO-LA-TI-LI-ZA-DO!
"¡ME ESTABA PREPARANDO PARA NUESTRA VISITA AL TEATRO CUANDO, DE IMPROVISO, EL RELOJ HA SIDO RODEADO POR UNA LUZ APARECIDA DE LA NADA!"

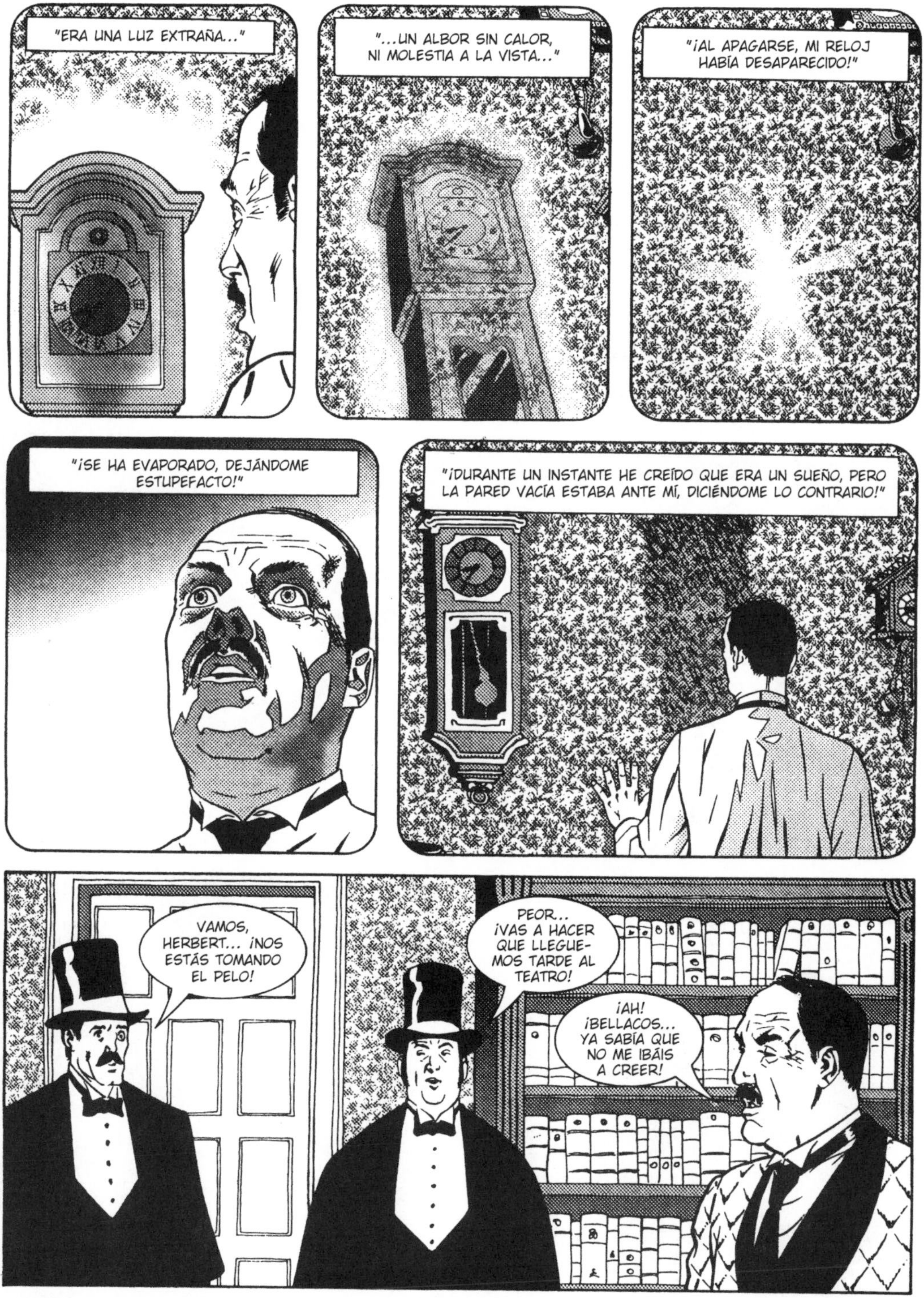
"ERA UNA LUZ EXTRAÑA..."
"...UN ALBOR SIN CALOR, NI MOLESTIA A LA VISTA..."
"¡AL APAGARSE, MI RELOJ HABÍA DESAPARECIDO!"
"¡SE HA EVAPORADO, DEJÁNDOME ESTUPEFACTO!"
"¡DURANTE UN INSTANTE HE CREÍDO QUE ERA UN SUEÑO, PERO LA PARED VACÍA ESTABA ANTE MÍ, DICIÉNDOME LO CONTRARIO!"
VAMOS, HERBERT... ¡NOS ESTÁS TOMANDO EL PELO!
PEOR... ¡VAS A HACER QUE LLEGUEMOS TARDE AL TEATRO!
¡AH! ¡BELLACOS... YA SABÍA QUE NO ME IBÁIS A CREER!

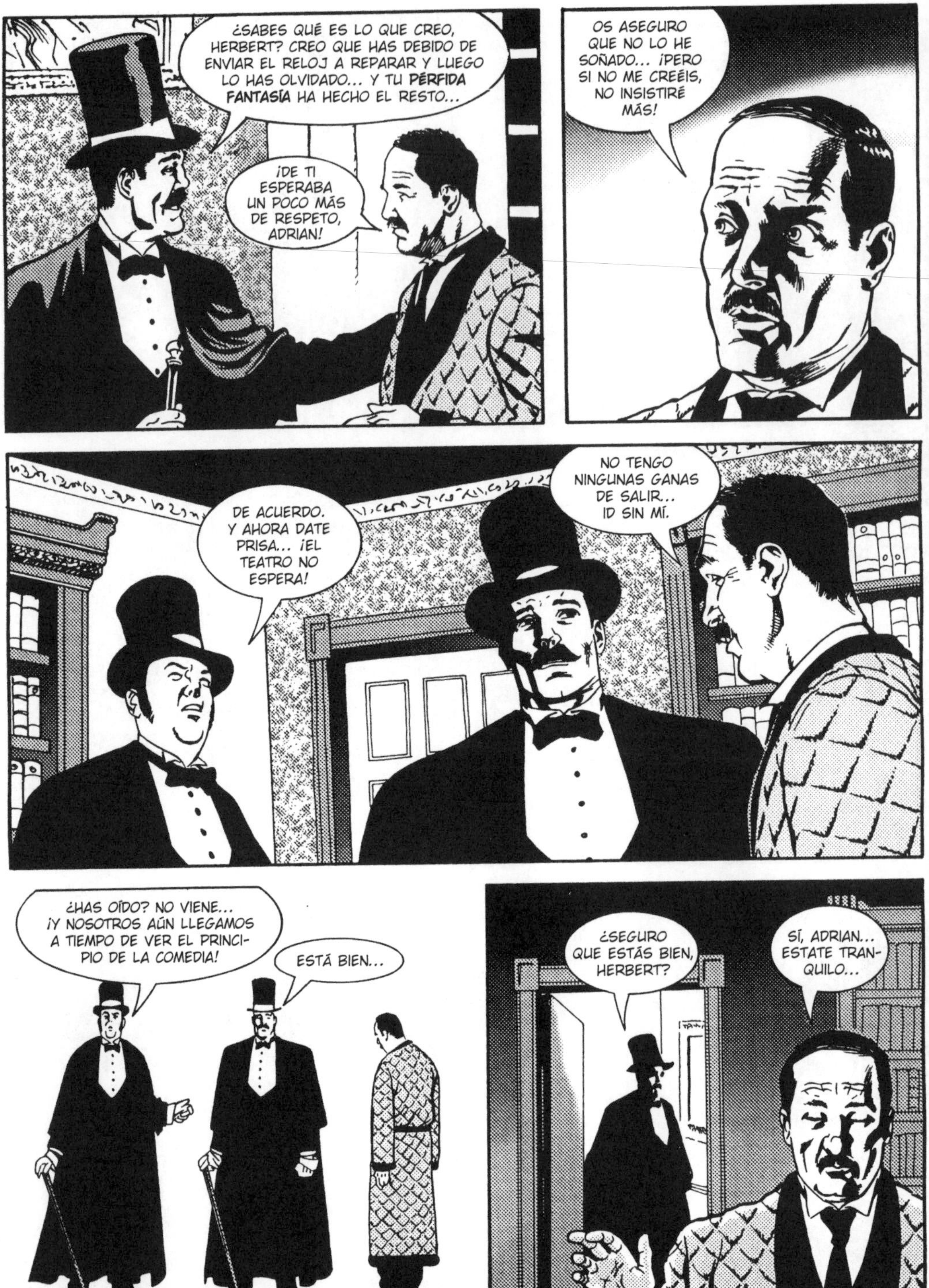
¿SABES QUÉ ES LO QUE CREO, HERBERT? CREO QUE HAS DEBIDO DE ENVIAR EL RELOJ A REPARAR Y LUEGO LO HAS OLVIDADO... Y TU **PÉRFIDA FANTASÍA** HA HECHO EL RESTO...
¡DE TI ESPERABA UN POCO MÁS DE RESPETO, ADRIAN!
OS ASEGURO QUE NO LO HE SOÑADO... ¡PERO SI NO ME CREÉIS, NO INSISTIRÉ MÁS!
DE ACUERDO. Y AHORA DATE PRISA... ¡EL TEATRO NO ESPERA!
NO TENGO NINGUNAS GANAS DE SALIR... ID SIN MÍ.
¿HAS OÍDO? NO VIENE... ¡Y NOSOTROS AÚN LLEGAMOS A TIEMPO DE VER EL PRINCIPIO DE LA COMEDIA!
ESTÁ BIEN...
¿SEGURO QUE ESTÁS BIEN, HERBERT?
SÍ, ADRIAN... ESTATE TRANQUILO...

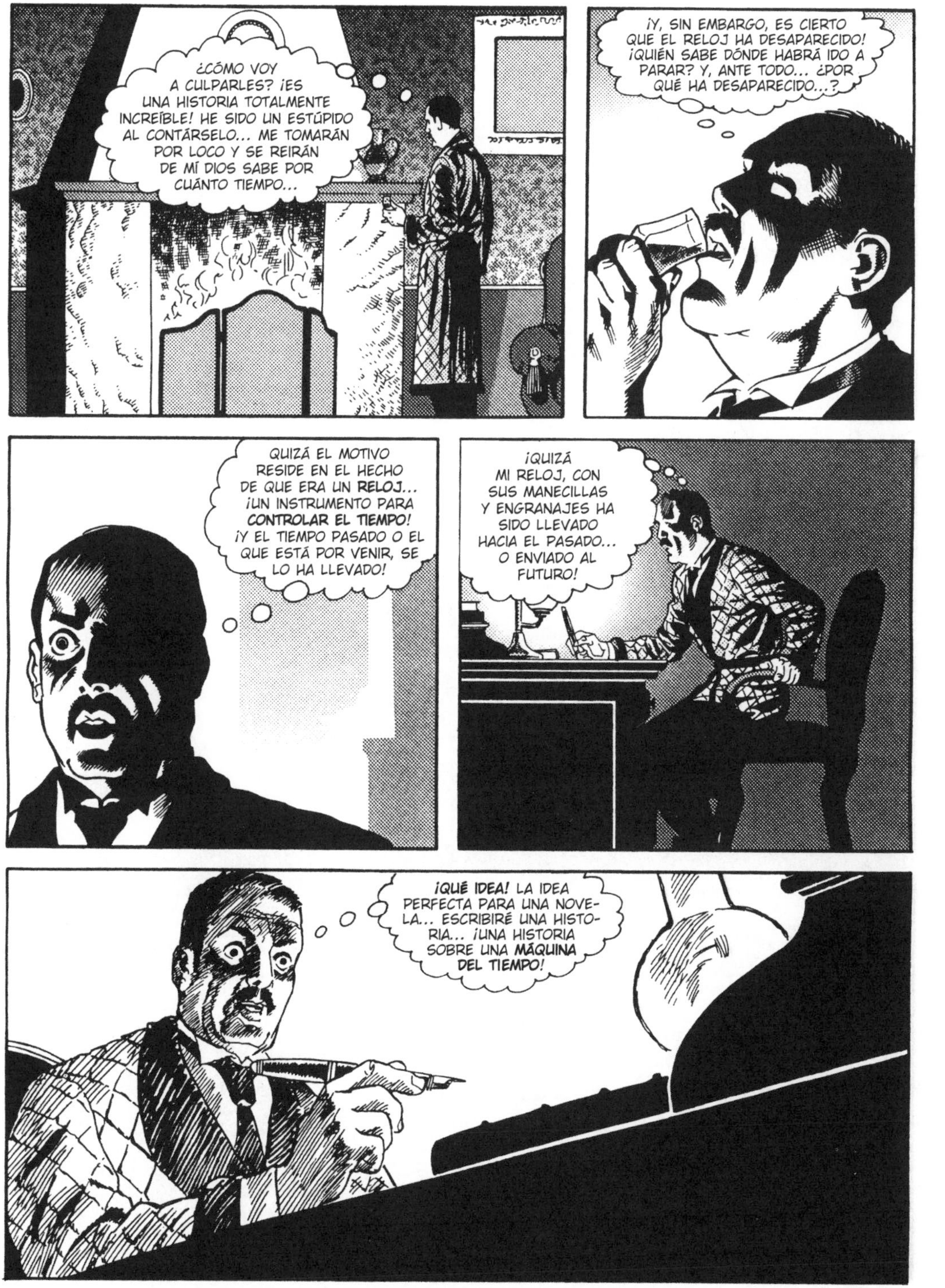
¿CÓMO VOY A CULPARLES? ¡ES UNA HISTORIA TOTALMENTE INCREÍBLE! HE SIDO UN ESTÚPIDO AL CONTÁRSELO... ME TOMARÁN POR LOCO Y SE REIRÁN DE MÍ DIOS SABE POR CUÁNTO TIEMPO...
¡Y, SIN EMBARGO, ES CIERTO QUE EL RELOJ HA DESAPARECIDO! ¡QUIÉN SABE DÓNDE HABRÁ IDO A PARAR? Y, ANTE TODO... ¿POR QUÉ HA DESAPARECIDO...?
QUIZÁ EL MOTIVO RESIDE EN EL HECHO DE QUE ERA UN RELOJ... ¡UN INSTRUMENTO PARA CONTROLAR EL TIEMPO! ¡Y EL TIEMPO PASADO O EL QUE ESTÁ POR VENIR, SE LO HA LLEVADO!
¡QUIZÁ MI RELOJ, CON SUS MANECILLAS Y ENGRANAJES HA SIDO LLEVADO HACIA EL PASADO... O ENVIADO AL FUTURO!
¡QUÉ IDEA! LA IDEA PERFECTA PARA UNA NOVELA... ESCRIBIRÉ UNA HISTORIA... ¡UNA HISTORIA SOBRE UNA MÁQUINA DEL TIEMPO!

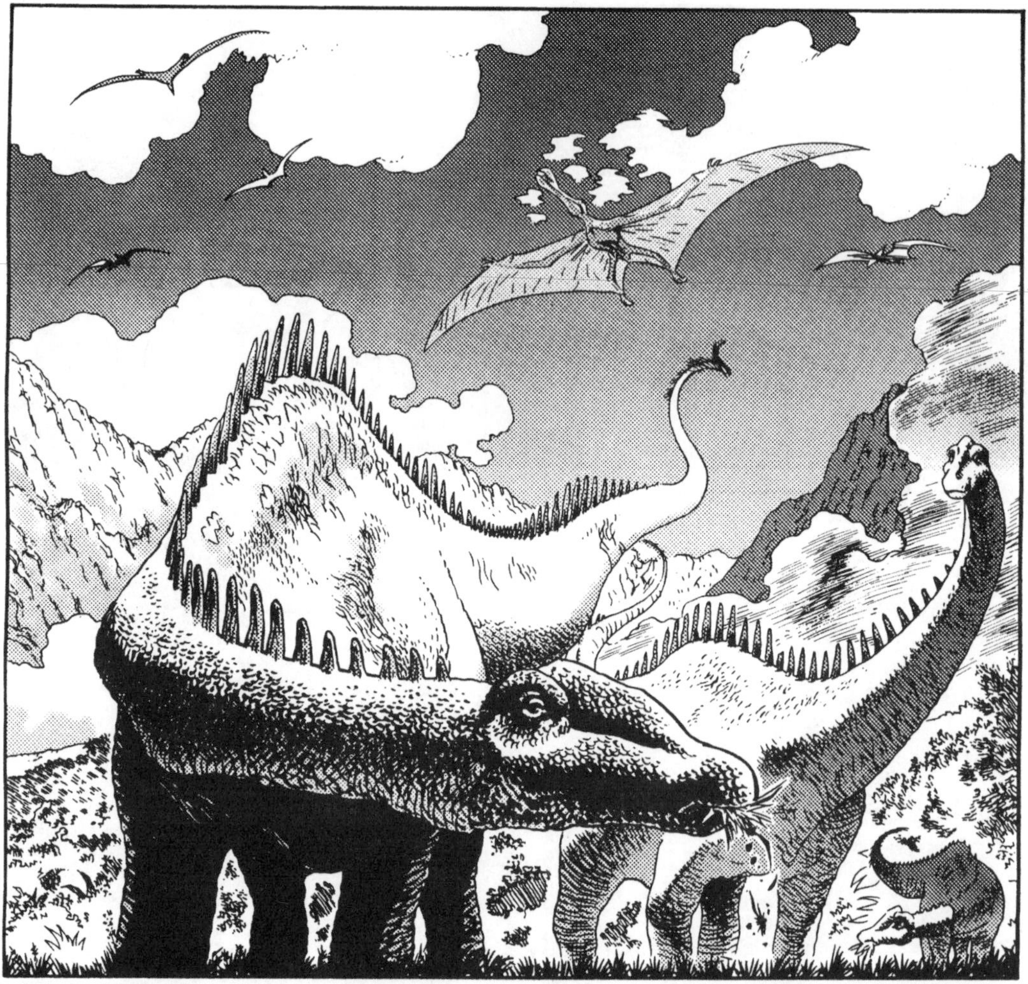

VIAJE EN EL TIEMPO

GUIÓN: VIETTI DIBUJO: OLIVARES

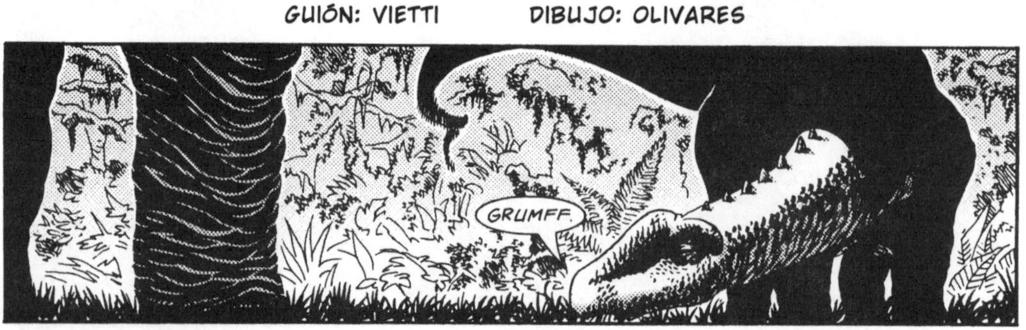
GRUMFF.

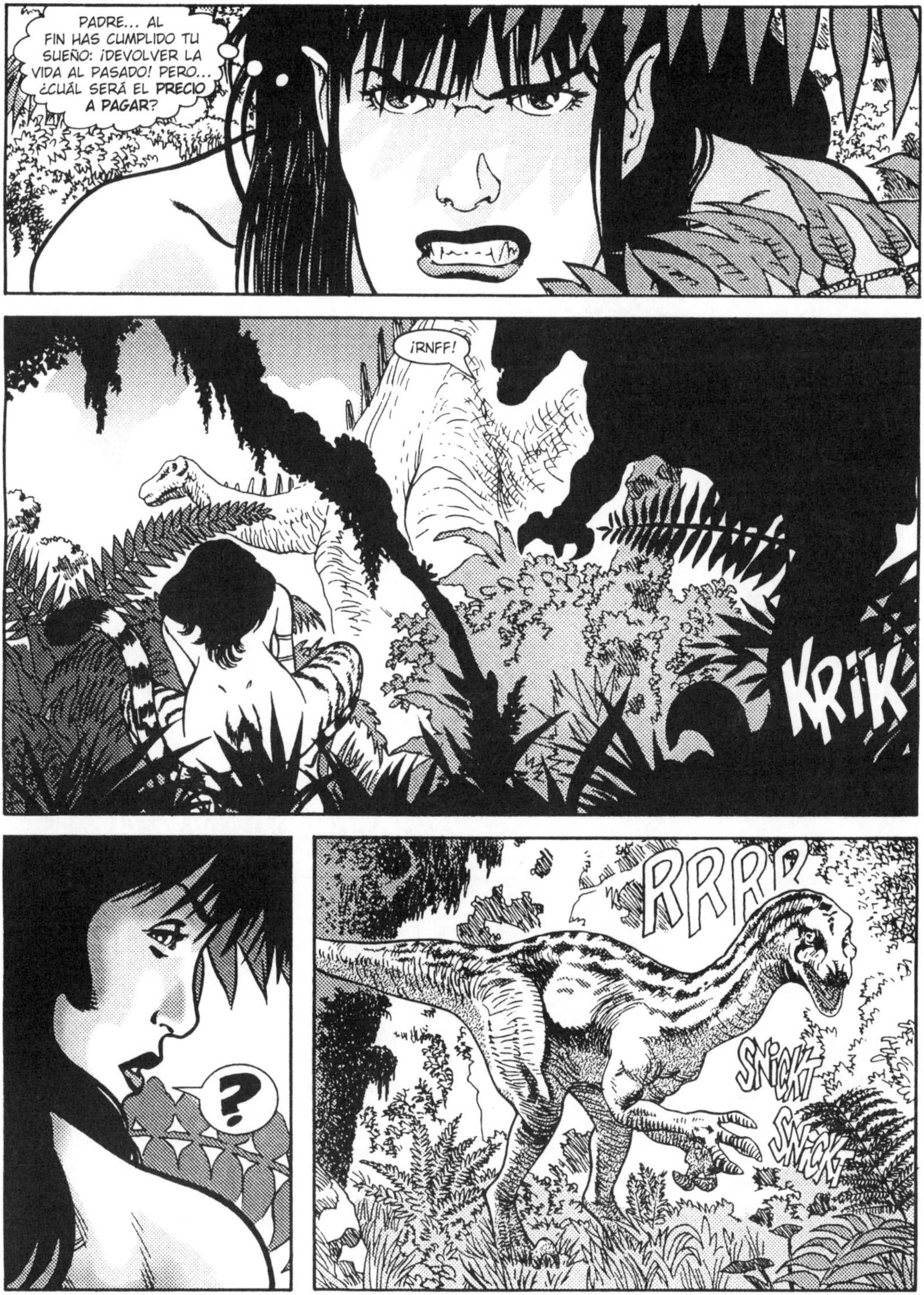
PADRE... AL FIN HAS CUMPLIDO TU SUEÑO: ¡DEVOLVER LA VIDA AL PASADO! PERO... ¿CUÁL SERÁ EL **PRECIO A PAGAR**?
¡RNFF!
KRIK
?
RRRR
SNICKT
SNICKT

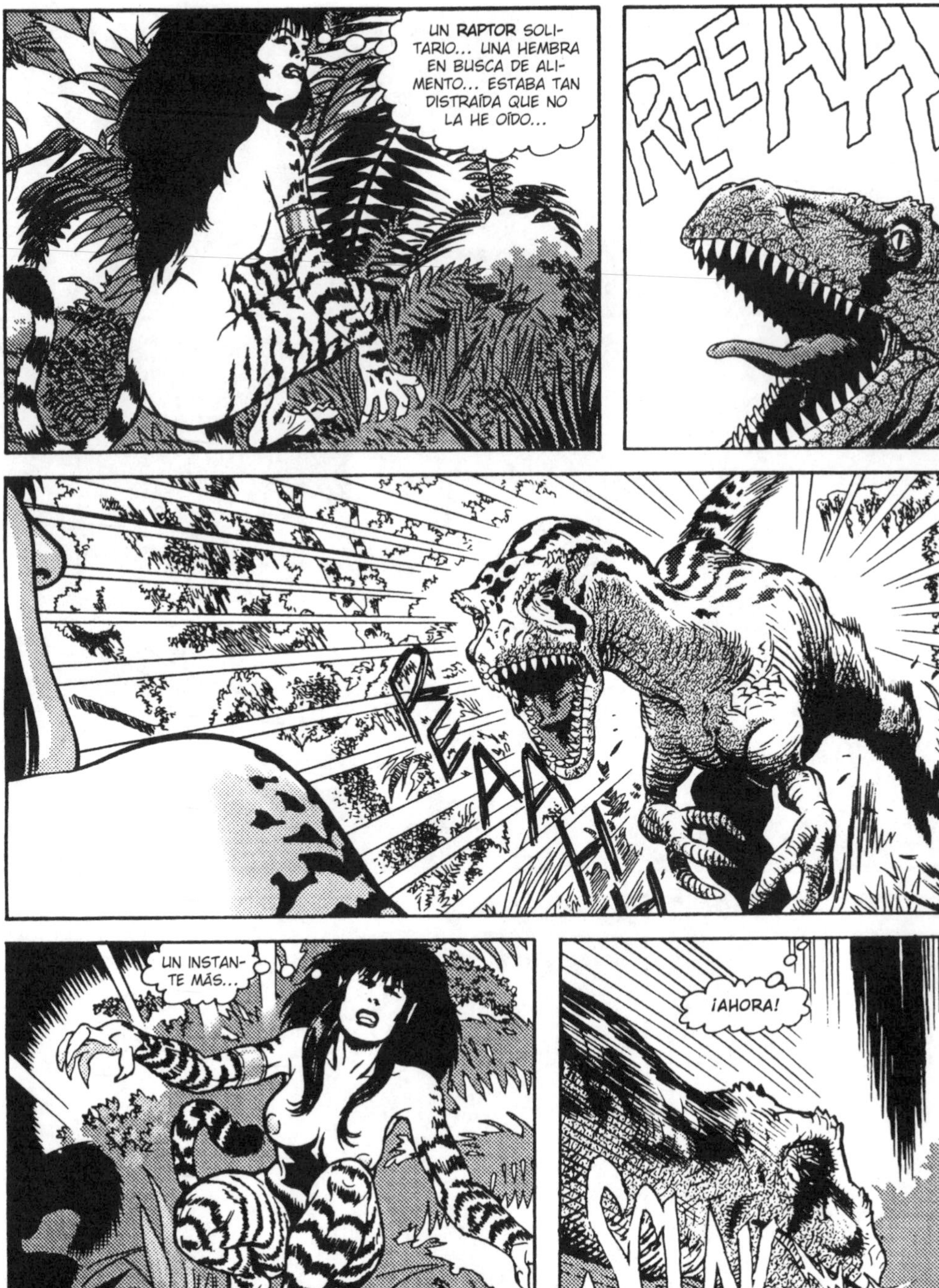
UN **RAPTOR** SOLITARIO... UNA HEMBRA EN BUSCA DE ALIMENTO... ESTABA TAN DISTRAÍDA QUE NO LA HE OÍDO...
UN INSTANTE MÁS...
¡AHORA!
SCLAK

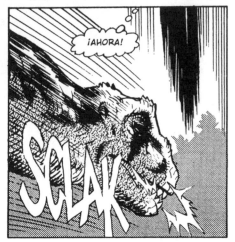

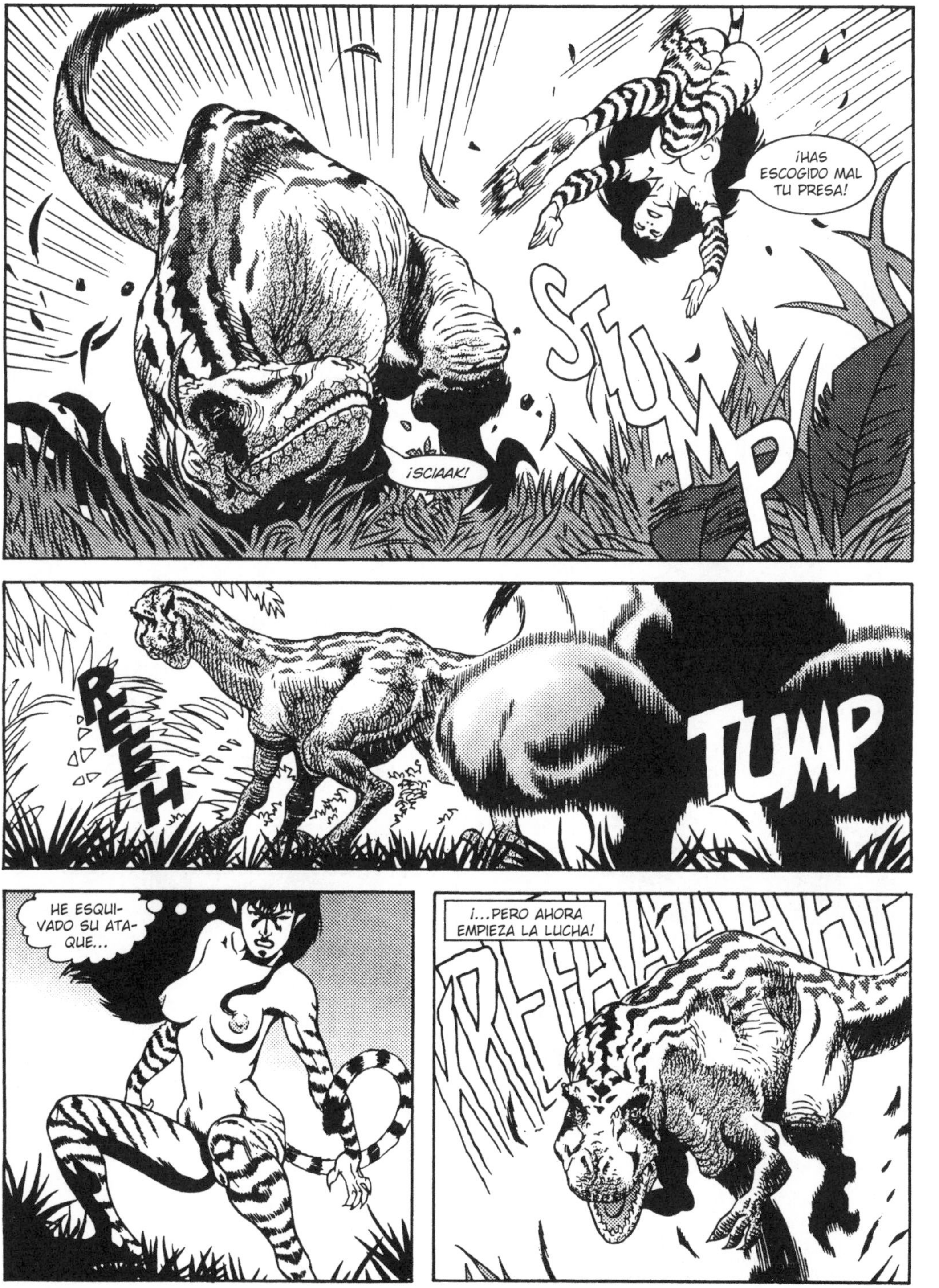
¡HAS ESCOGIDO MAL TU PRESA!
STUMP
¡SCIAAK!
REEEH
TUMP
HE ESQUIVADO SU ATAQUE...
¡...PERO AHORA EMPIEZA LA LUCHA!

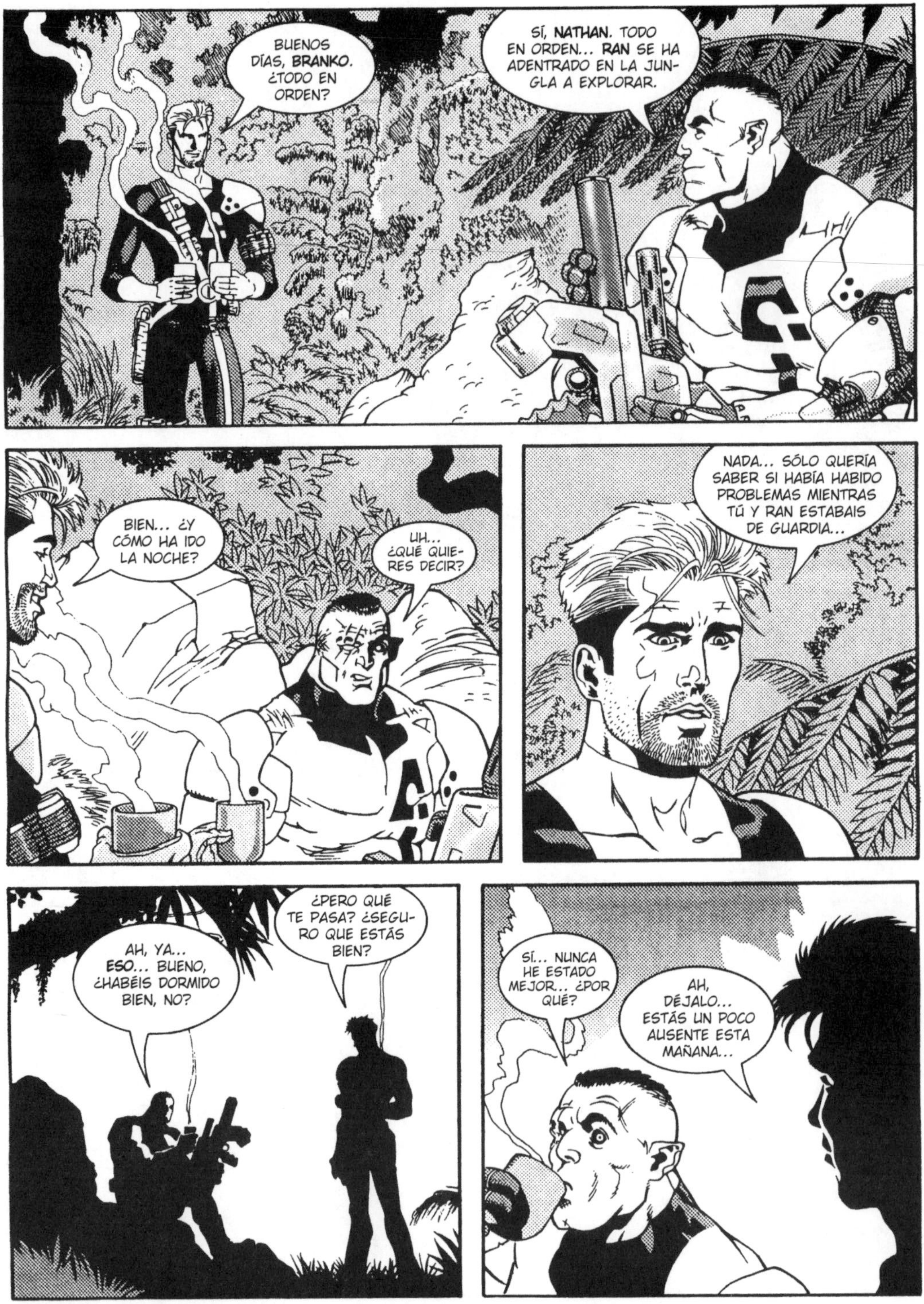
BUENOS DÍAS, BRANKO. ¿TODO EN ORDEN?
SÍ, NATHAN. TODO EN ORDEN... RAN SE HA ADENTRADO EN LA JUNGLA A EXPLORAR.
BIEN... ¿Y CÓMO HA IDO LA NOCHE?
UH... ¿QUÉ QUIERES DECIR?
NADA... SÓLO QUERÍA SABER SI HABÍA HABIDO PROBLEMAS MIENTRAS TÚ Y RAN ESTABAIS DE GUARDIA...
AH, YA... ESO... BUENO, ¿HABÉIS DORMIDO BIEN, NO?
¿PERO QUÉ TE PASA? ¿SEGURO QUE ESTÁS BIEN?
SÍ... NUNCA HE ESTADO MEJOR... ¿POR QUÉ?
AH, DÉJALO... ESTÁS UN POCO AUSENTE ESTA MAÑANA...

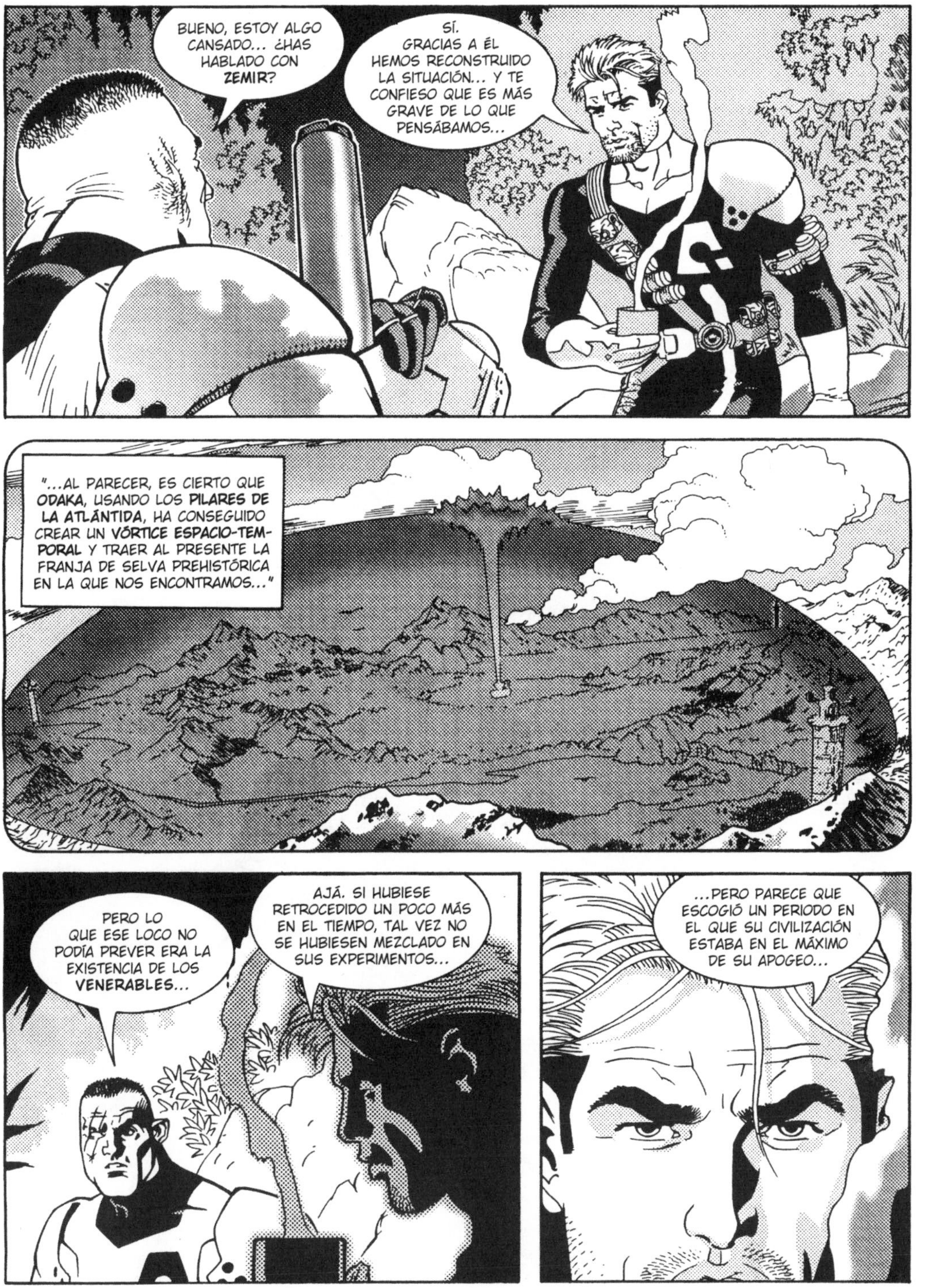
BUENO, ESTOY ALGO CANSADO... ¿HAS HABLADO CON **ZEMIR**?
SÍ. GRACIAS A ÉL HEMOS RECONSTRUIDO LA SITUACIÓN... Y TE CONFIESO QUE ES MÁS GRAVE DE LO QUE PENSÁBAMOS...
"...AL PARECER, ES CIERTO QUE **ODAKA**, USANDO LOS **PILARES DE LA ATLÁNTIDA**, HA CONSEGUIDO CREAR UN **VÓRTICE ESPACIO-TEMPORAL** Y TRAER AL PRESENTE LA FRANJA DE SELVA PREHISTÓRICA EN LA QUE NOS ENCONTRAMOS..."
PERO LO QUE ESE LOCO NO PODÍA PREVER ERA LA EXISTENCIA DE LOS **VENERABLES**...
AJÁ. SI HUBIESE RETROCEDIDO UN POCO MÁS EN EL TIEMPO, TAL VEZ NO SE HUBIESEN MEZCLADO EN SUS EXPERIMENTOS...
...PERO PARECE QUE ESCOGIÓ UN PERIODO EN EL QUE SU CIVILIZACIÓN ESTABA EN EL MÁXIMO DE SU APOGEO...

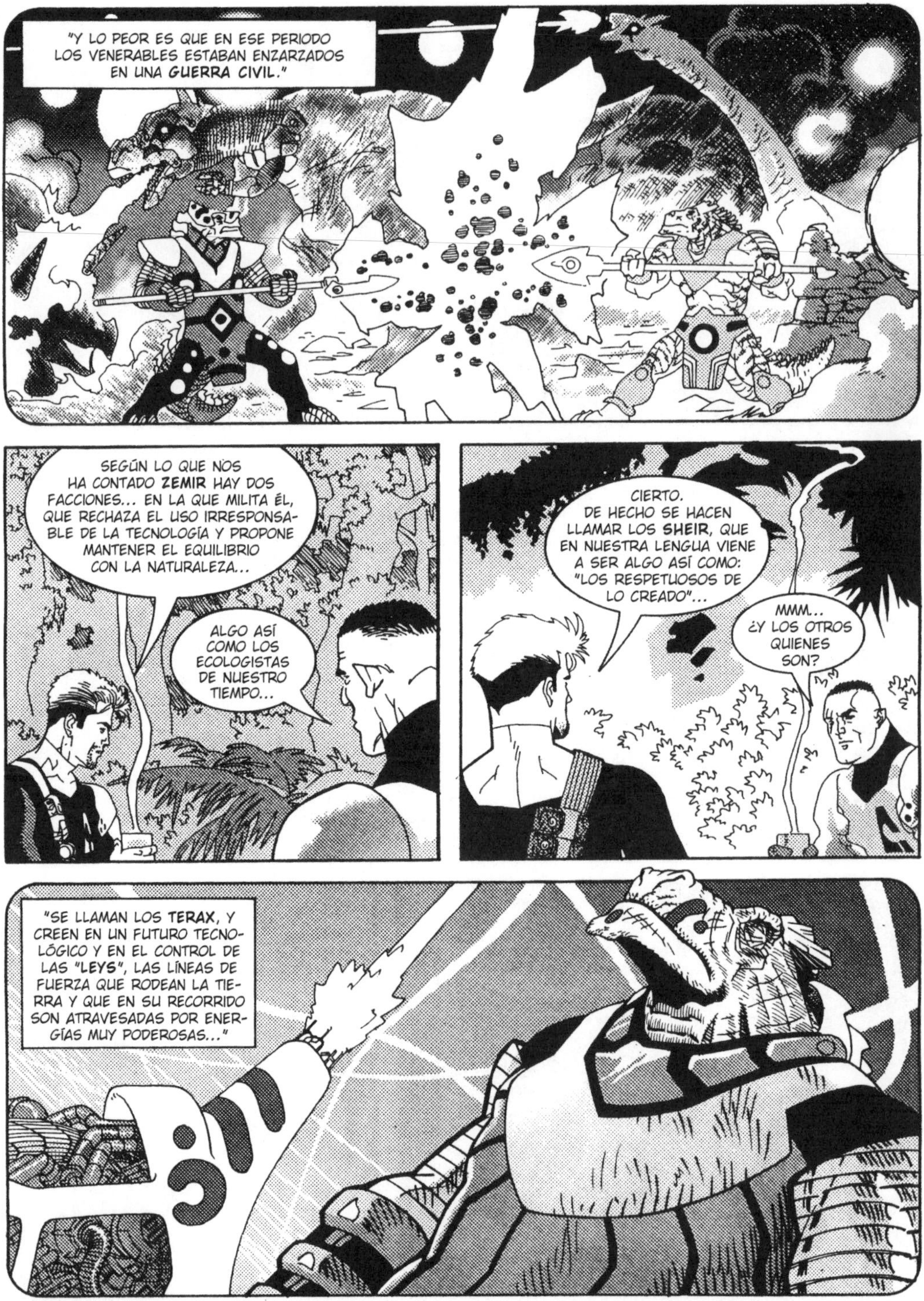
"Y LO PEOR ES QUE EN ESE PERIODO LOS VENERABLES ESTABAN ENZARZADOS EN UNA **GUERRA CIVIL**."
SEGÚN LO QUE NOS HA CONTADO **ZEMIR** HAY DOS FACCIONES... EN LA QUE MILITA ÉL, QUE RECHAZA EL USO IRRESPONSABLE DE LA TECNOLOGÍA Y PROPONE MANTENER EL EQUILIBRIO CON LA NATURALEZA...
ALGO ASÍ COMO LOS ECOLOGISTAS DE NUESTRO TIEMPO...
CIERTO. DE HECHO SE HACEN LLAMAR LOS **SHEIR**, QUE EN NUESTRA LENGUA VIENE A SER ALGO ASÍ COMO: "LOS RESPETUOSOS DE LO CREADO"...
MMM... ¿Y LOS OTROS QUIENES SON?
"SE LLAMAN LOS **TERAX**, Y CREEN EN UN FUTURO TECNOLÓGICO Y EN EL CONTROL DE LAS "**LEYS**", LAS LÍNEAS DE FUERZA QUE RODEAN LA TIERRA Y QUE EN SU RECORRIDO SON ATRAVESADAS POR ENERGÍAS MUY PODEROSAS..."

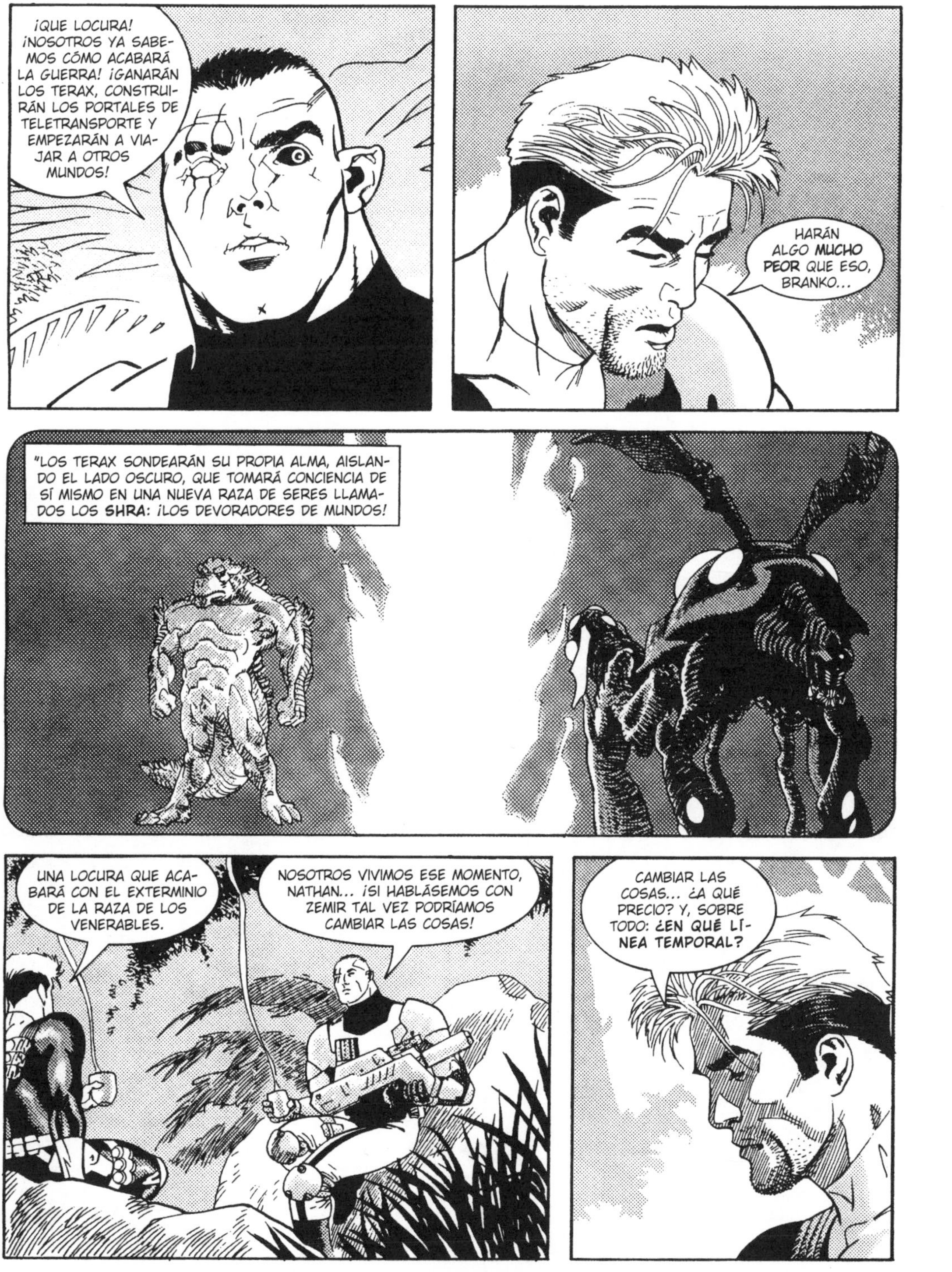
¡QUE LOCURA! ¡NOSOTROS YA SABEMOS CÓMO ACABARÁ LA GUERRA! ¡GANARÁN LOS TERAX, CONSTRUIRÁN LOS PORTALES DE TELETRANSPORTE Y EMPEZARÁN A VIAJAR A OTROS MUNDOS!
HARÁN ALGO **MUCHO PEOR** QUE ESO, BRANKO...
"LOS TERAX SONDEARÁN SU PROPIA ALMA, AISLANDO EL LADO OSCURO, QUE TOMARÁ CONCIENCIA DE SÍ MISMO EN UNA NUEVA RAZA DE SERES LLAMADOS LOS **SHRA**: ¡LOS DEVORADORES DE MUNDOS!
UNA LOCURA QUE ACABARÁ CON EL EXTERMINIO DE LA RAZA DE LOS VENERABLES.
NOSOTROS VIVIMOS ESE MOMENTO, NATHAN... ¡SI HABLÁSEMOS CON ZEMIR TAL VEZ PODRÍAMOS CAMBIAR LAS COSAS!
CAMBIAR LAS COSAS... ¿A QUÉ PRECIO? Y, SOBRE TODO: **¿EN QUÉ LÍNEA TEMPORAL?**

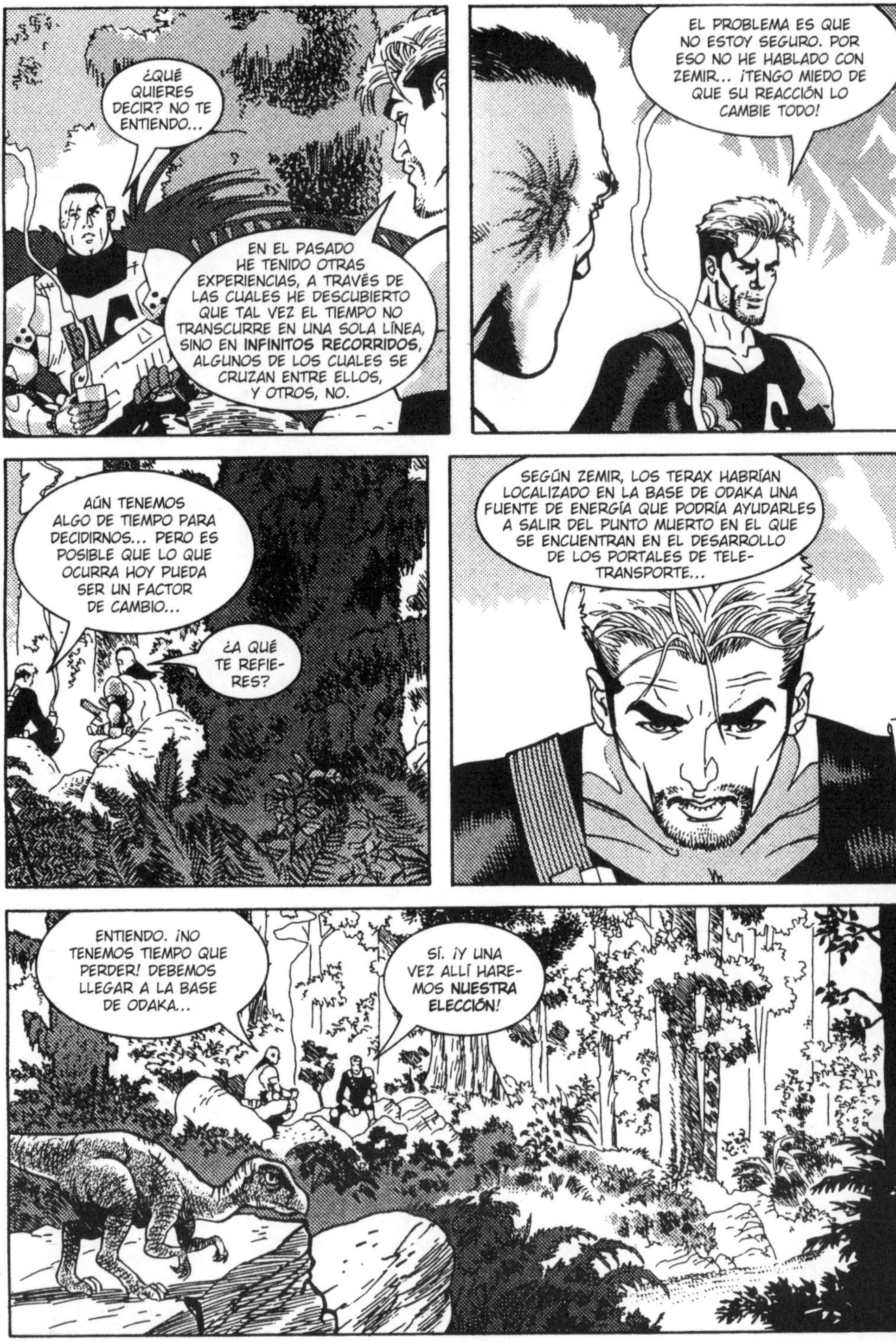
¿QUÉ QUIERES DECIR? NO TE ENTIENDO...
EN EL PASADO HE TENIDO OTRAS EXPERIENCIAS, A TRAVÉS DE LAS CUALES HE DESCUBIERTO QUE TAL VEZ EL TIEMPO NO TRANSCURRE EN UNA SOLA LÍNEA, SINO EN **INFINITOS RECORRIDOS**, ALGUNOS DE LOS CUALES SE CRUZAN ENTRE ELLOS, Y OTROS, NO.
EL PROBLEMA ES QUE NO ESTOY SEGURO. POR ESO NO HE HABLADO CON ZEMIR... ¡TENGO MIEDO DE QUE SU REACCIÓN LO CAMBIE TODO!
AÚN TENEMOS ALGO DE TIEMPO PARA DECIDIRNOS... PERO ES POSIBLE QUE LO QUE OCURRA HOY PUEDA SER UN FACTOR DE CAMBIO...
¿A QUÉ TE REFIERES?
SEGÚN ZEMIR, LOS TERAX HABRÍAN LOCALIZADO EN LA BASE DE ODAKA UNA FUENTE DE ENERGÍA QUE PODRÍA AYUDARLES A SALIR DEL PUNTO MUERTO EN EL QUE SE ENCUENTRAN EN EL DESARROLLO DE LOS PORTALES DE TELE-TRANSPORTE...
ENTIENDO. ¡NO TENEMOS TIEMPO QUE PERDER! DEBEMOS LLEGAR A LA BASE DE ODAKA...
SÍ. ¡Y UNA VEZ ALLÍ HAREMOS **NUESTRA ELECCIÓN**!

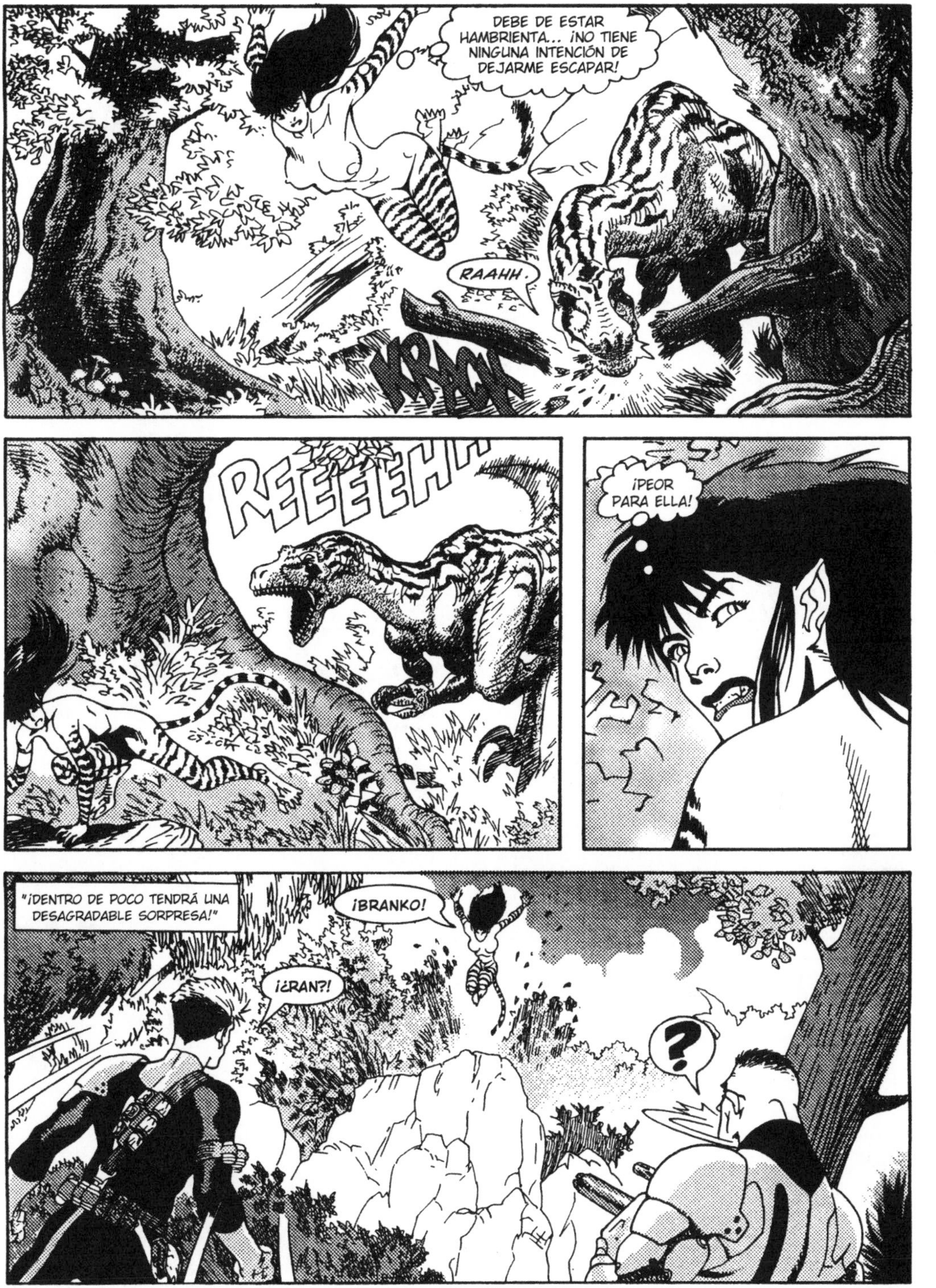
DEBE DE ESTAR HAMBRIENTA... ¡NO TIENE NINGUNA INTENCIÓN DE DEJARME ESCAPAR!
RAAHH.
KRACH
REEEEEHH
¡PEOR PARA ELLA!
"¡DENTRO DE POCO TENDRÁ UNA DESAGRADABLE SORPRESA!"
¡BRANKO!
¡¿RAN?!
?

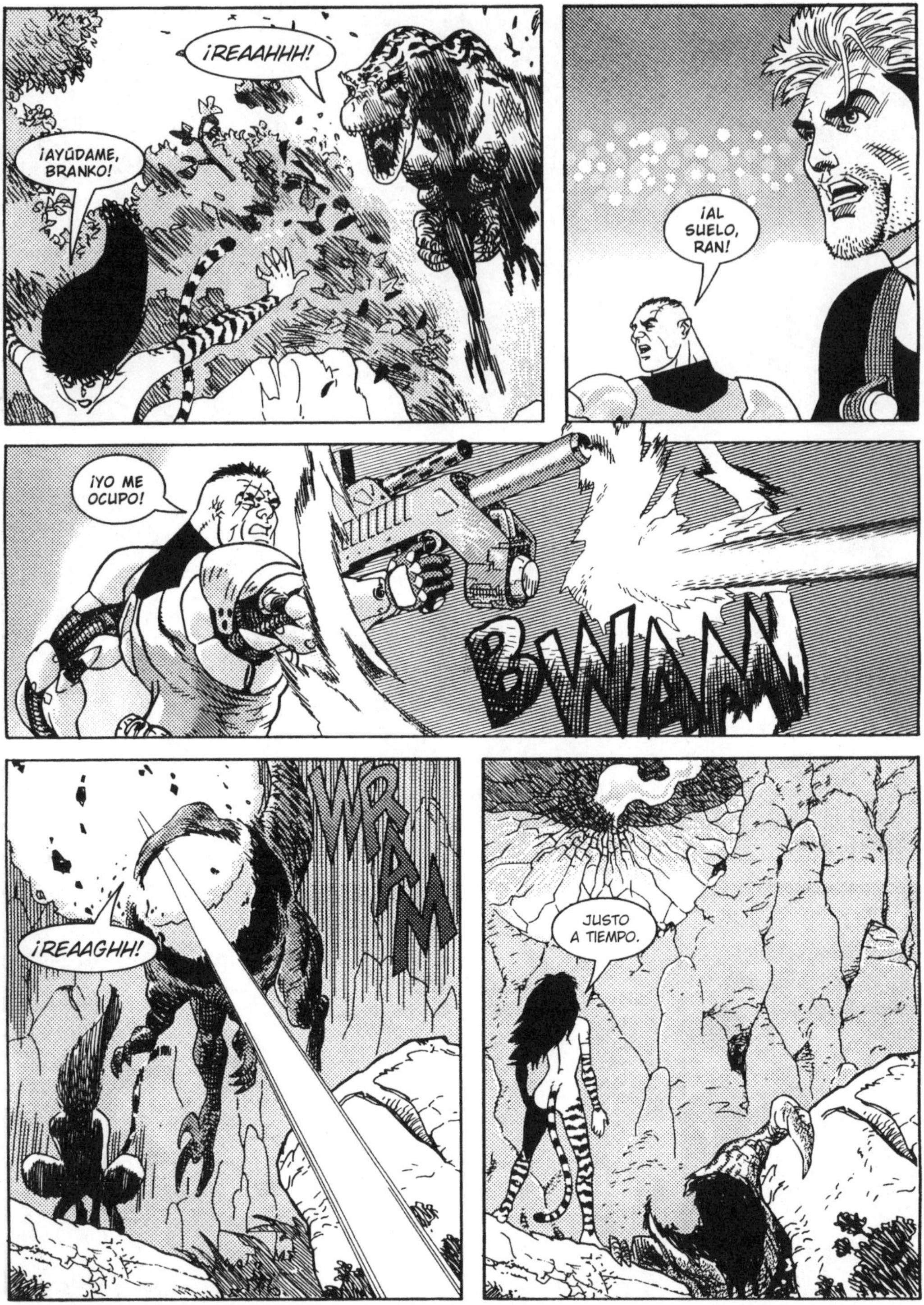
¡REAAHHH!
¡AYÚDAME, BRANKO!
¡AL SUELO, RAN!
¡YO ME OCUPO!
BWAM
WRAM
¡REAAGHH!
JUSTO A TIEMPO.

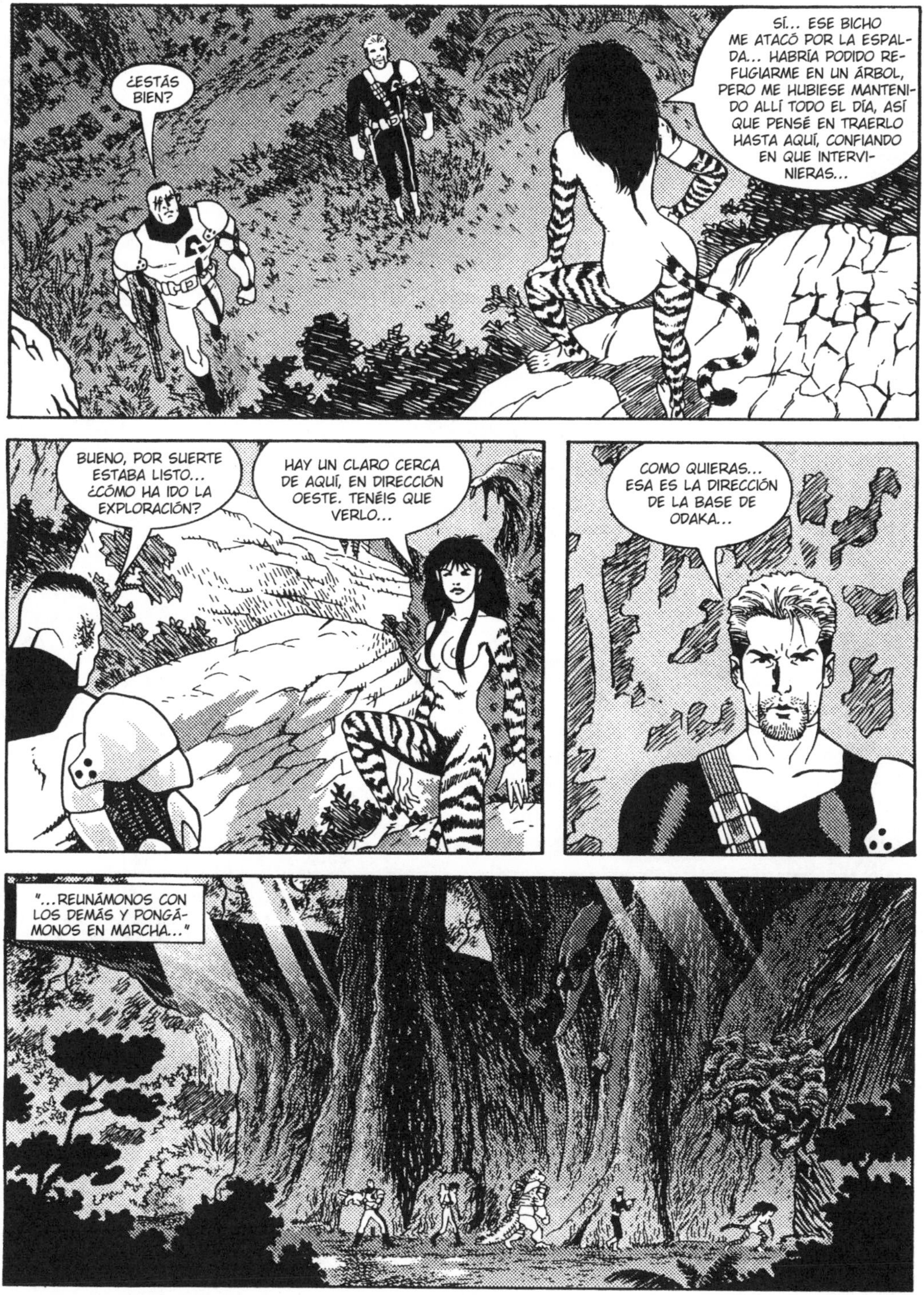
¿ESTÁS BIEN?
SÍ... ESE BICHO ME ATACÓ POR LA ESPALDA... HABRÍA PODIDO REFUGIARME EN UN ÁRBOL, PERO ME HUBIESE MANTENIDO ALLÍ TODO EL DÍA, ASÍ QUE PENSÉ EN TRAERLO HASTA AQUÍ, CONFIANDO EN QUE INTERVINIERAS...
BUENO, POR SUERTE ESTABA LISTO... ¿CÓMO HA IDO LA EXPLORACIÓN?
HAY UN CLARO CERCA DE AQUÍ, EN DIRECCIÓN OESTE. TENÉIS QUE VERLO...
COMO QUIERAS... ESA ES LA DIRECCIÓN DE LA BASE DE ODAKA...
"...REUNÁMONOS CON LOS DEMÁS Y PONGÁMONOS EN MARCHA..."

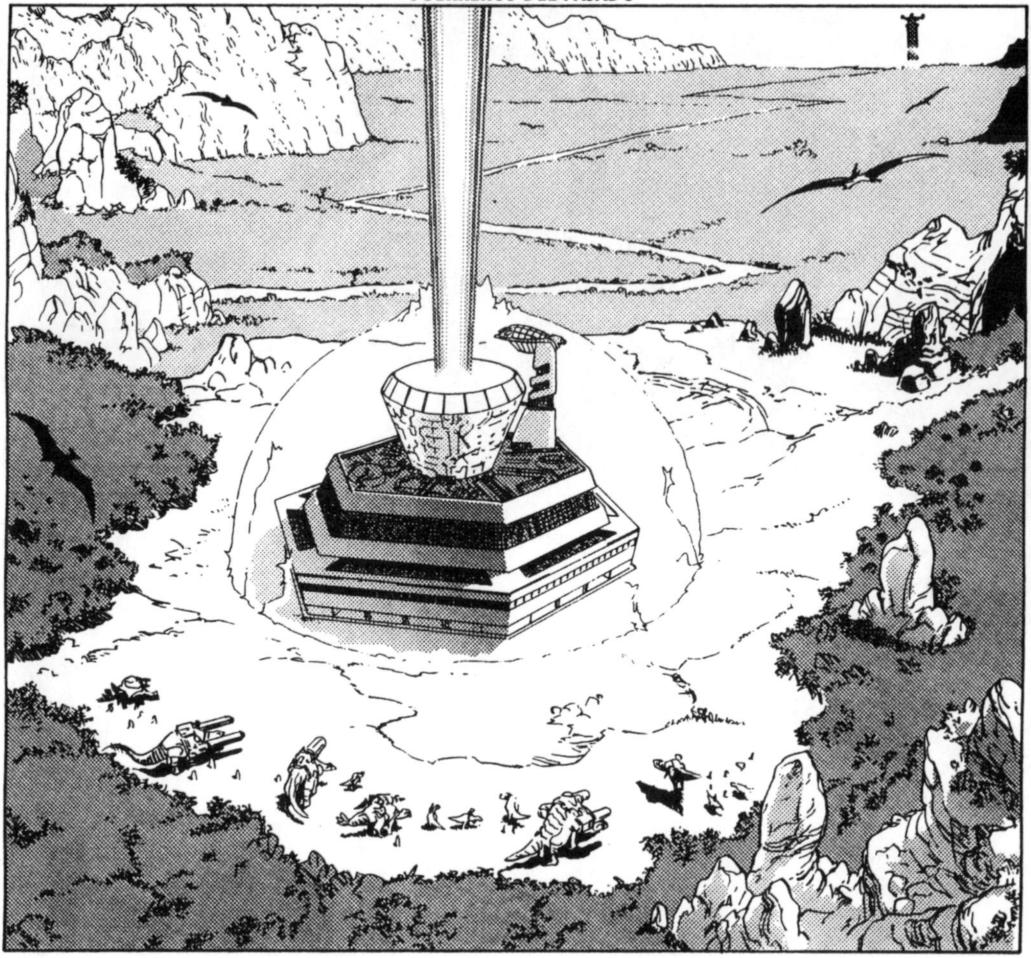

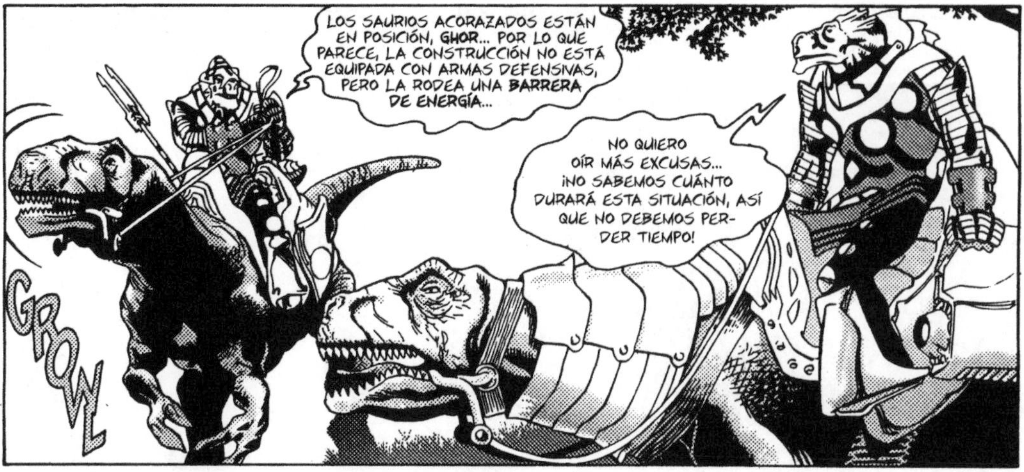
LOS SAURIOS ACORAZADOS ESTÁN EN POSICIÓN, GHOR... POR LO QUE PARECE, LA CONSTRUCCIÓN NO ESTÁ EQUIPADA CON ARMAS DEFENSIVAS, PERO LA RODEA UNA BARRERA DE ENERGÍA...
NO QUIERO OÍR MÁS EXCUSAS... ¡NO SABEMOS CUÁNTO DURARÁ ESTA SITUACIÓN, ASÍ QUE NO DEBEMOS PERDER TIEMPO!
GROWL

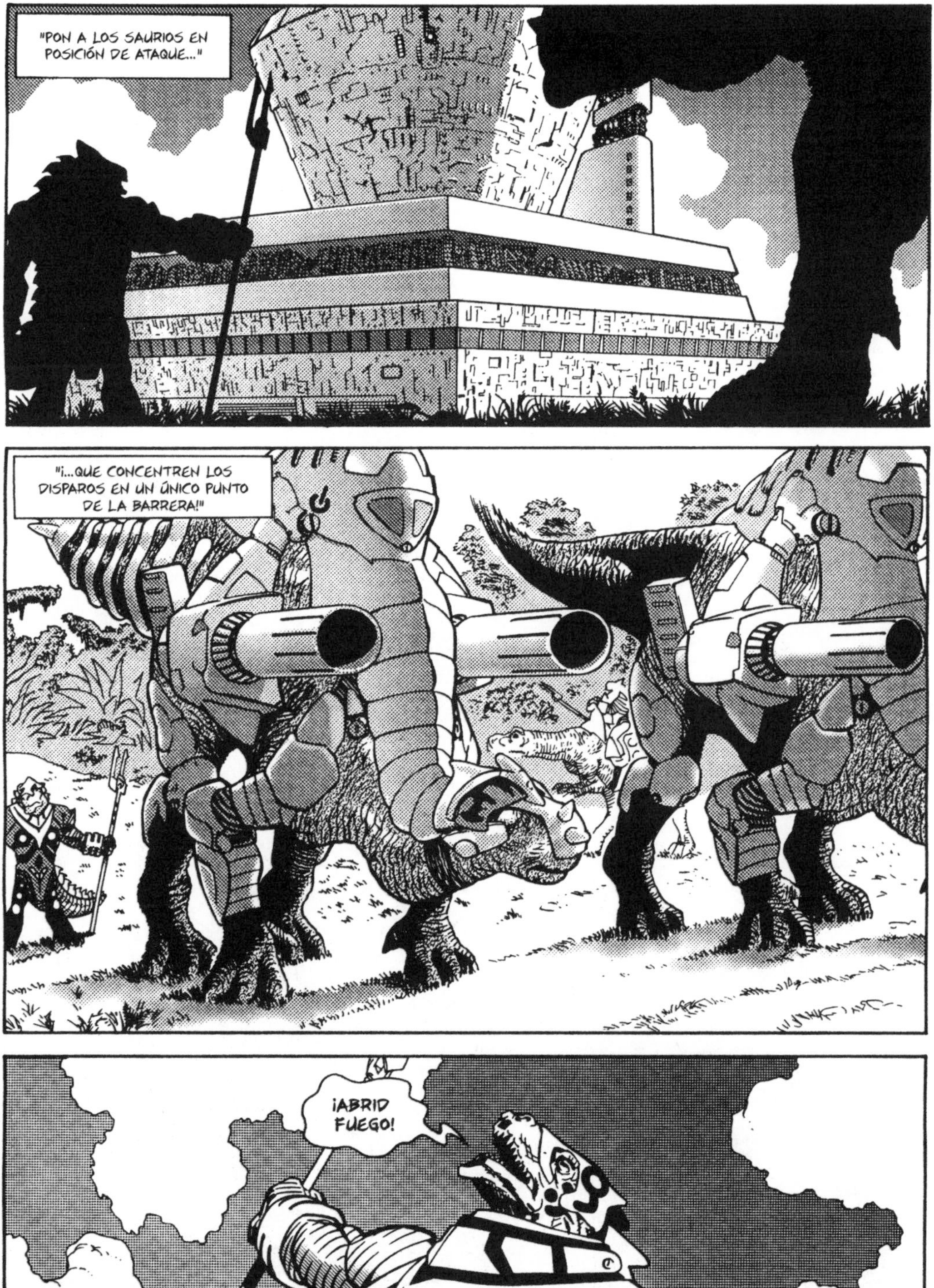
"PON A LOS SAURIOS EN POSICIÓN DE ATAQUE..."
"¡...QUE CONCENTREN LOS DISPAROS EN UN ÚNICO PUNTO DE LA BARRERA!"
¡ABRID FUEGO!

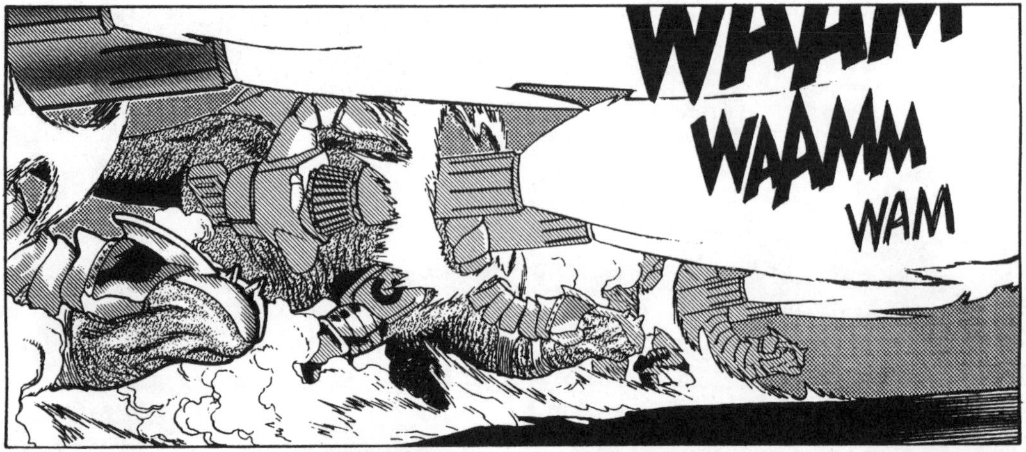
WAAM
WAAMM
WAM

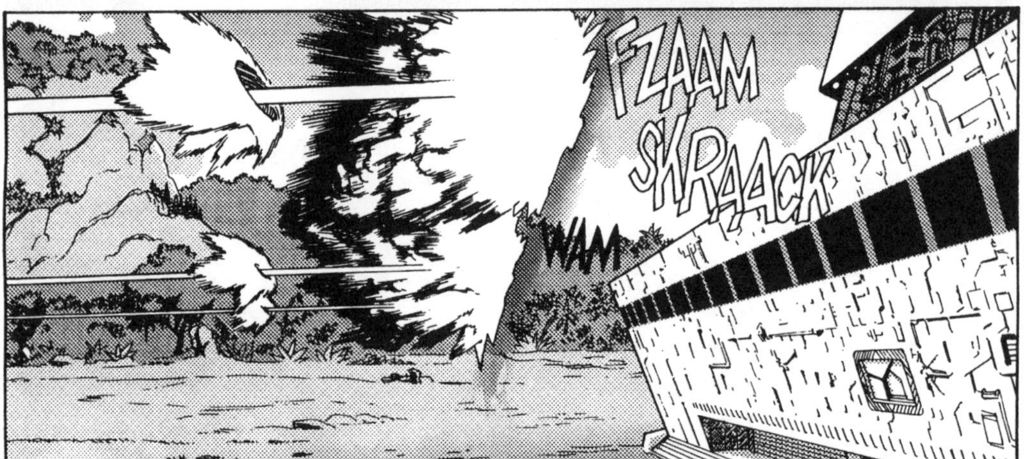
FZAAM
SKRAACK
WAM

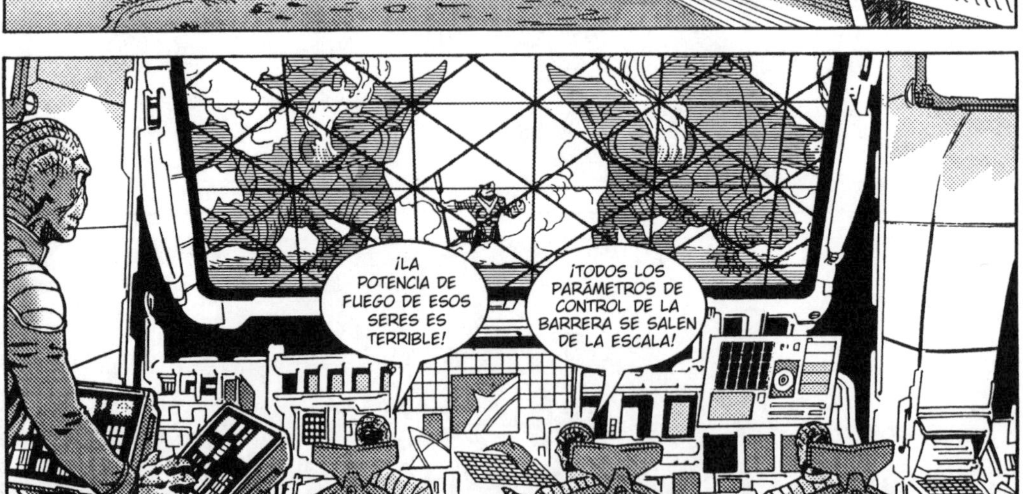
¡LA POTENCIA DE FUEGO DE ESOS SERES ES TERRIBLE!
¡TODOS LOS PARÁMETROS DE CONTROL DE LA BARRERA SE SALEN DE LA ESCALA!

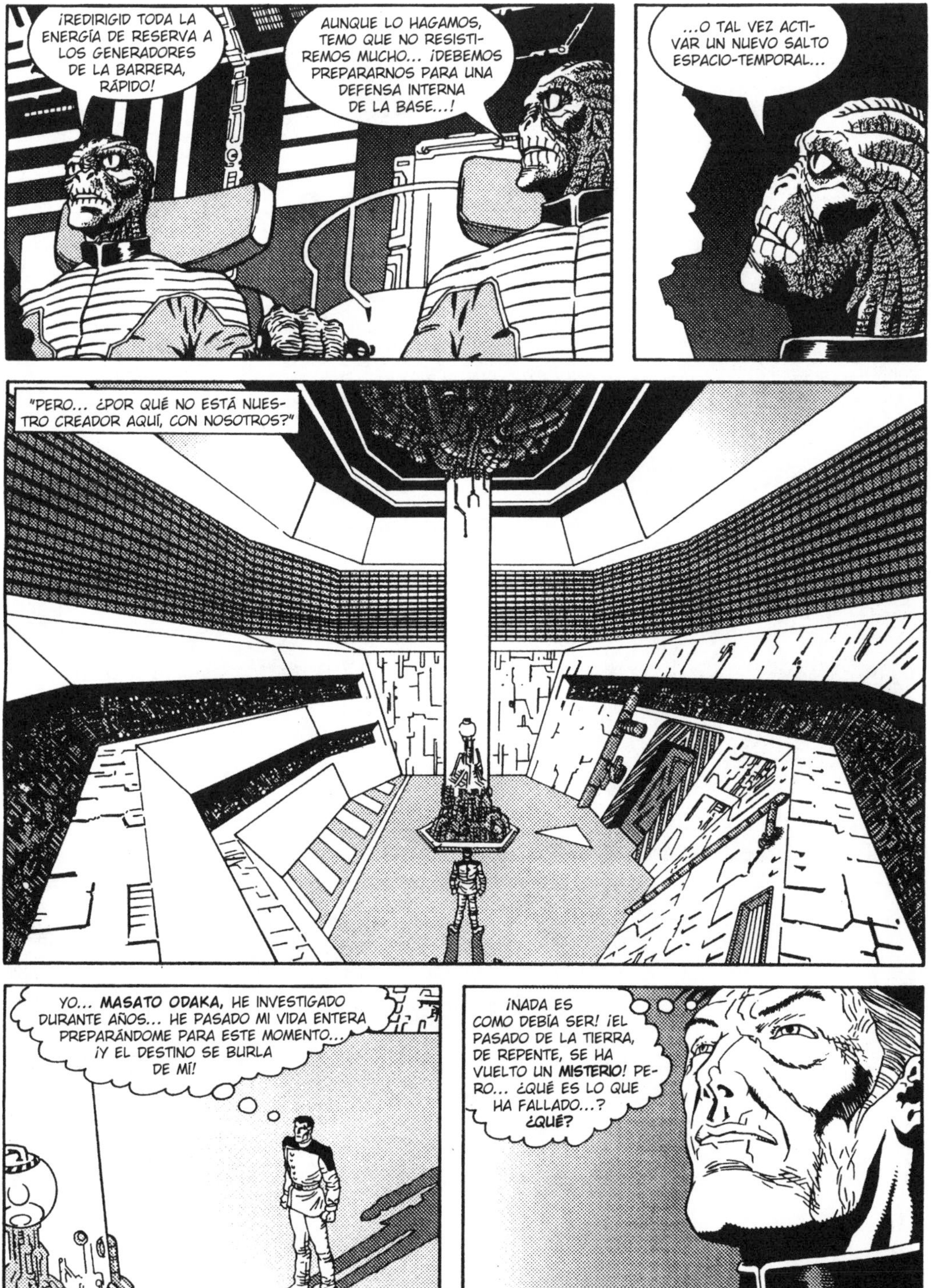
¡REDIRIGID TODA LA ENERGÍA DE RESERVA A LOS GENERADORES DE LA BARRERA, RÁPIDO!
AUNQUE LO HAGAMOS, TEMO QUE NO RESISTIREMOS MUCHO... ¡DEBEMOS PREPARARNOS PARA UNA DEFENSA INTERNA DE LA BASE...!
...O TAL VEZ ACTIVAR UN NUEVO SALTO ESPACIO-TEMPORAL...
"PERO... ¿POR QUÉ NO ESTÁ NUESTRO CREADOR AQUÍ, CON NOSOTROS?"
YO... **MASATO ODAKA**, HE INVESTIGADO DURANTE AÑOS... HE PASADO MI VIDA ENTERA PREPARÁNDOME PARA ESTE MOMENTO... ¡Y EL DESTINO SE BURLA DE MÍ!
¡NADA ES COMO DEBÍA SER! ¡EL PASADO DE LA TIERRA, DE REPENTE, SE HA VUELTO UN **MISTERIO**! PERO... ¿QUÉ ES LO QUE HA FALLADO...? **¿QUÉ?**

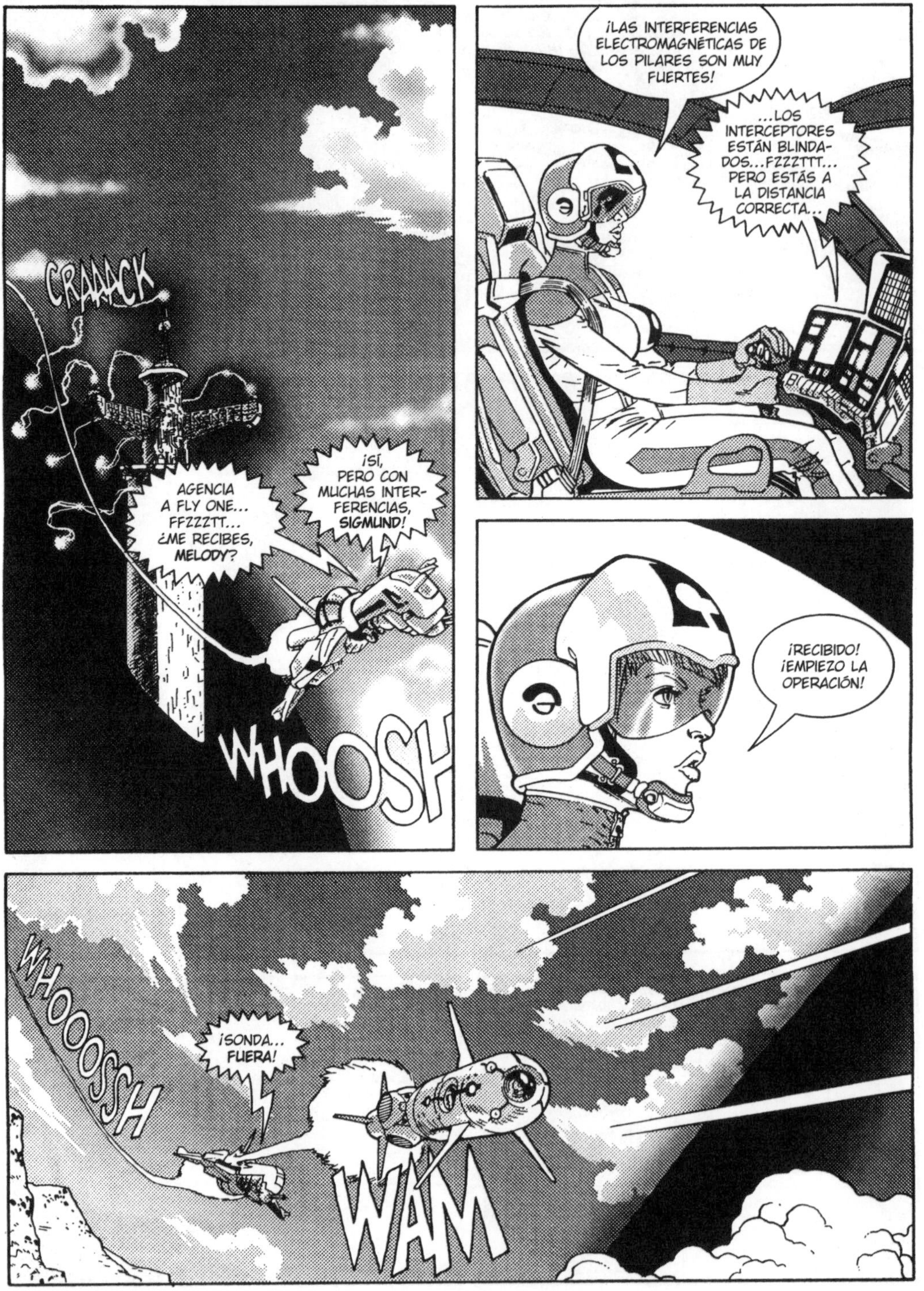
CRAAACK
AGENCIA A FLY ONE... FFZZZTT... ¿ME RECIBES, **MELODY**?
¡SÍ, PERO CON MUCHAS INTERFERENCIAS, **SIGMUND**!
WHOOSH
¡LAS INTERFERENCIAS ELECTROMAGNÉTICAS DE LOS PILARES SON MUY FUERTES!
...LOS INTERCEPTORES ESTÁN BLINDADOS...FZZZTTT... PERO ESTÁS A LA DISTANCIA CORRECTA...
¡RECIBIDO! ¡EMPIEZO LA OPERACIÓN!
WHOOOSSH
¡SONDA... FUERA!
WAM

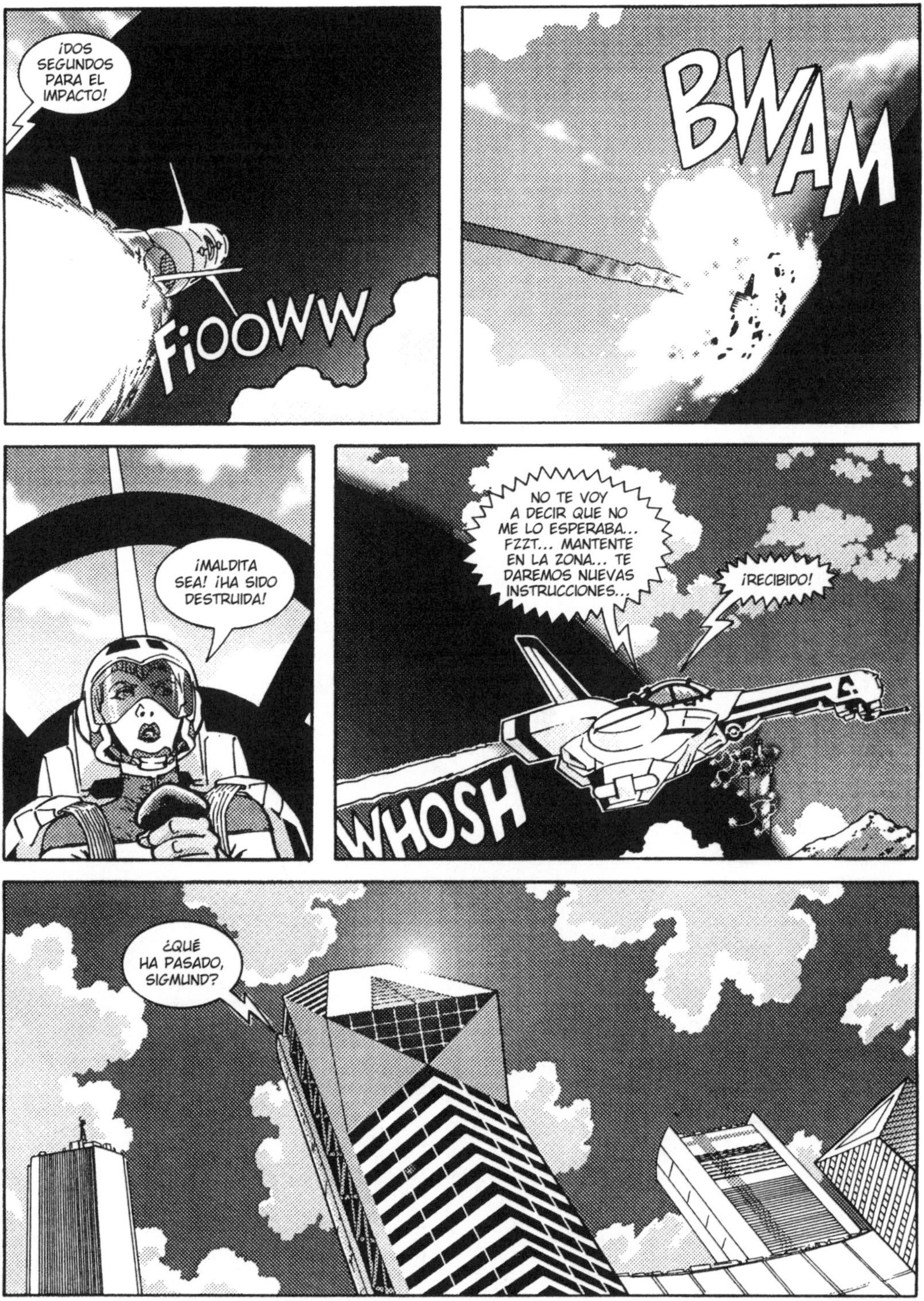
¡DOS SEGUNDOS PARA EL IMPACTO!
FiOOWW
BWAM
¡MALDITA SEA! ¡HA SIDO DESTRUIDA!
NO TE VOY A DECIR QUE NO ME LO ESPERABA... FZZT... MANTENTE EN LA ZONA... TE DAREMOS NUEVAS INSTRUCCIONES...
¡RECIBIDO!
WHOSH
¿QUÉ HA PASADO, SIGMUND?

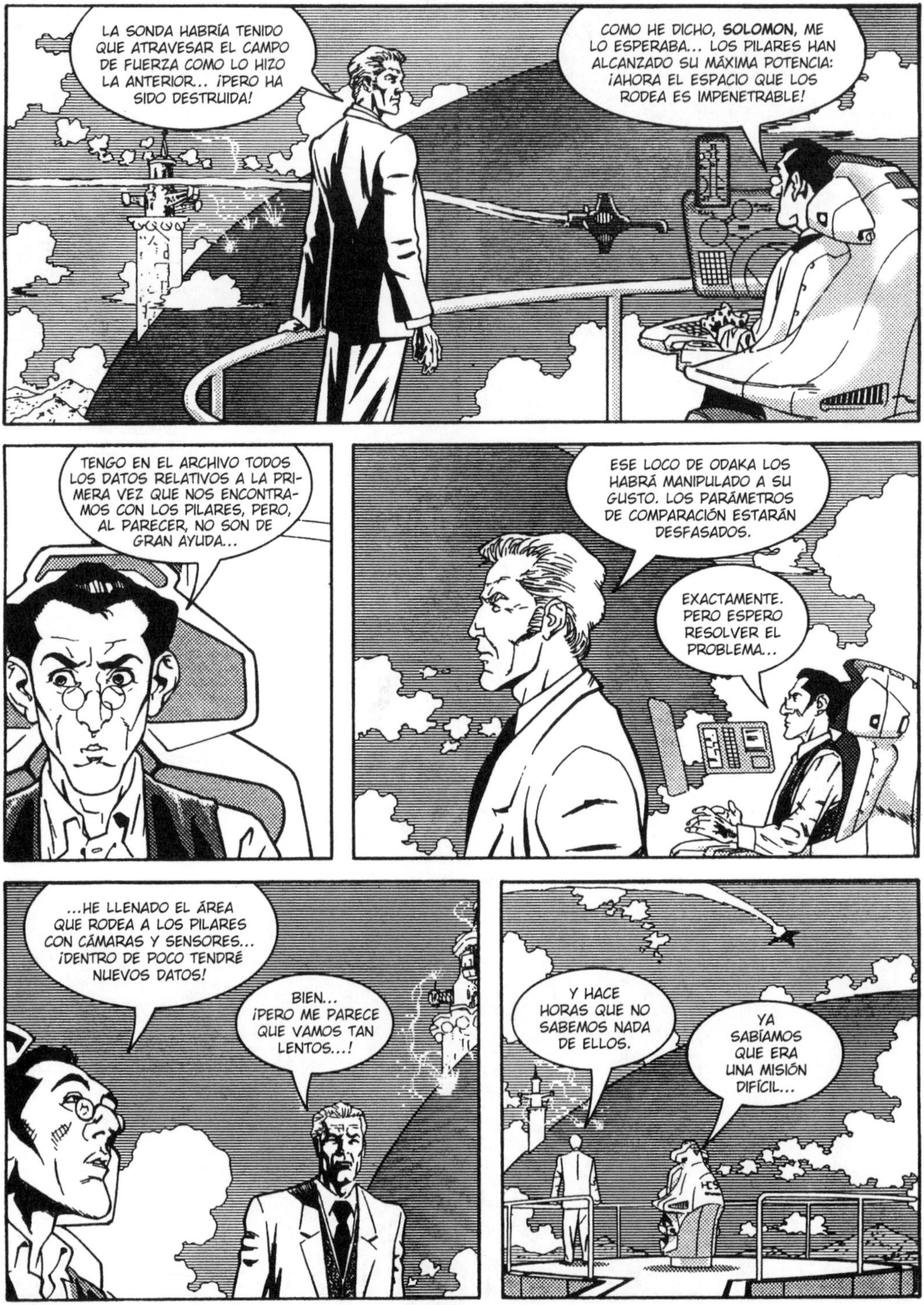
LA SONDA HABRÍA TENIDO QUE ATRAVESAR EL CAMPO DE FUERZA COMO LO HIZO LA ANTERIOR... ¡PERO HA SIDO DESTRUIDA!
COMO HE DICHO, SOLOMON, ME LO ESPERABA... LOS PILARES HAN ALCANZADO SU MÁXIMA POTENCIA: ¡AHORA EL ESPACIO QUE LOS RODEA ES IMPENETRABLE!
TENGO EN EL ARCHIVO TODOS LOS DATOS RELATIVOS A LA PRIMERA VEZ QUE NOS ENCONTRAMOS CON LOS PILARES, PERO, AL PARECER, NO SON DE GRAN AYUDA...
ESE LOCO DE ODAKA LOS HABRÁ MANIPULADO A SU GUSTO. LOS PARÁMETROS DE COMPARACIÓN ESTARÁN DESFASADOS.
EXACTAMENTE. PERO ESPERO RESOLVER EL PROBLEMA...
...HE LLENADO EL ÁREA QUE RODEA A LOS PILARES CON CÁMARAS Y SENSORES... ¡DENTRO DE POCO TENDRÉ NUEVOS DATOS!
BIEN... ¡PERO ME PARECE QUE VAMOS TAN LENTOS...!
Y HACE HORAS QUE NO SABEMOS NADA DE ELLOS.
YA SABÍAMOS QUE ERA UNA MISIÓN DIFÍCIL...

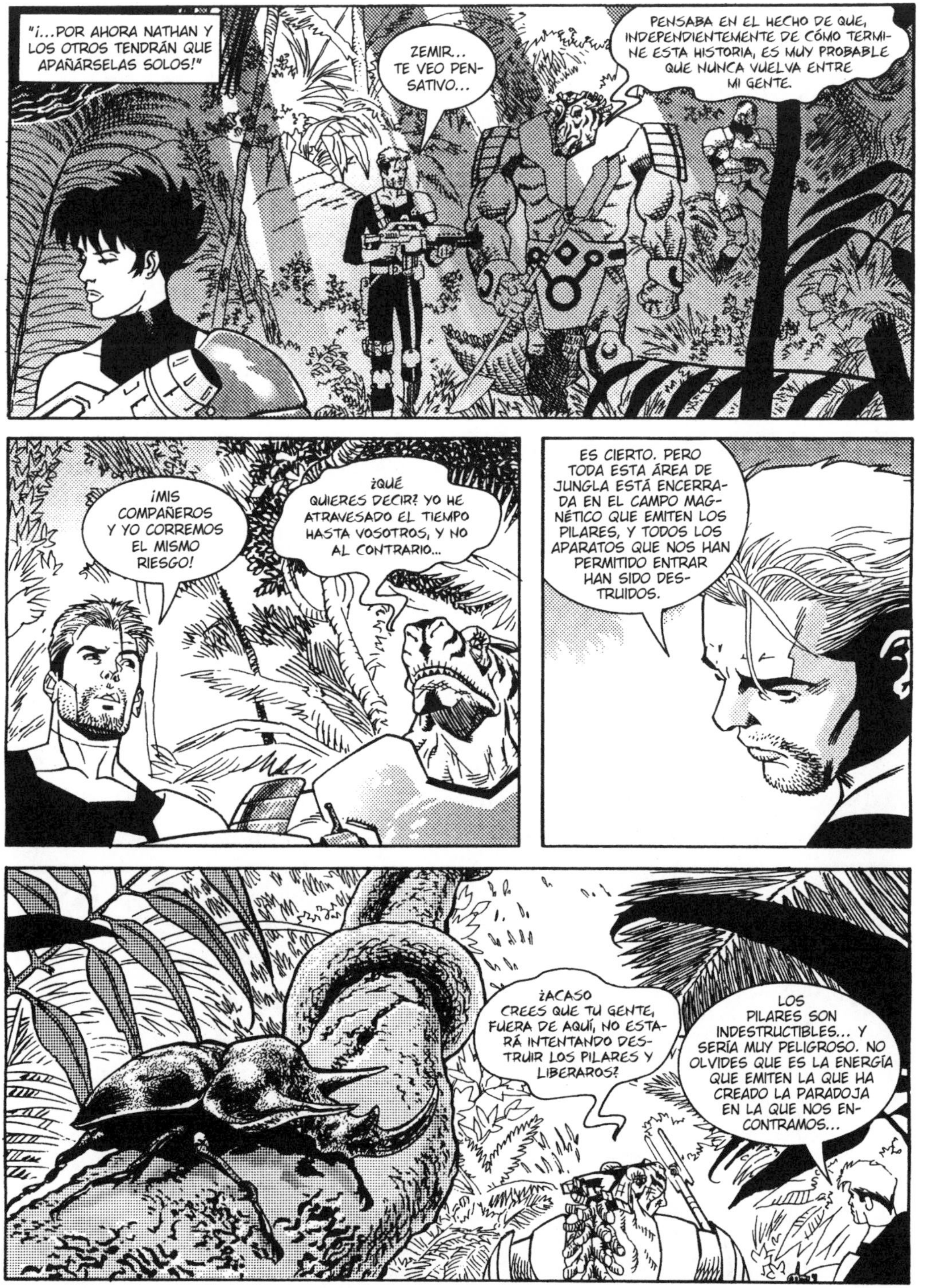
"¡...POR AHORA NATHAN Y LOS OTROS TENDRÁN QUE APAÑÁRSELAS SOLOS!"
ZEMIR... TE VEO PENSATIVO...
PENSABA EN EL HECHO DE QUE, INDEPENDIENTEMENTE DE CÓMO TERMINE ESTA HISTORIA, ES MUY PROBABLE QUE NUNCA VUELVA ENTRE MI GENTE.
¡MIS COMPAÑEROS Y YO CORREMOS EL MISMO RIESGO!
¿QUÉ QUIERES DECIR? YO HE ATRAVESADO EL TIEMPO HASTA VOSOTROS, Y NO AL CONTRARIO...
ES CIERTO. PERO TODA ESTA ÁREA DE JUNGLA ESTÁ ENCERRADA EN EL CAMPO MAGNÉTICO QUE EMITEN LOS PILARES, Y TODOS LOS APARATOS QUE NOS HAN PERMITIDO ENTRAR HAN SIDO DESTRUIDOS.
¿ACASO CREES QUE TU GENTE, FUERA DE AQUÍ, NO ESTARÁ INTENTANDO DESTRUIR LOS PILARES Y LIBERAROS?
LOS PILARES SON INDESTRUCTIBLES... Y SERÍA MUY PELIGROSO. NO OLVIDES QUE ES LA ENERGÍA QUE EMITEN LA QUE HA CREADO LA PARADOJA EN LA QUE NOS ENCONTRAMOS...

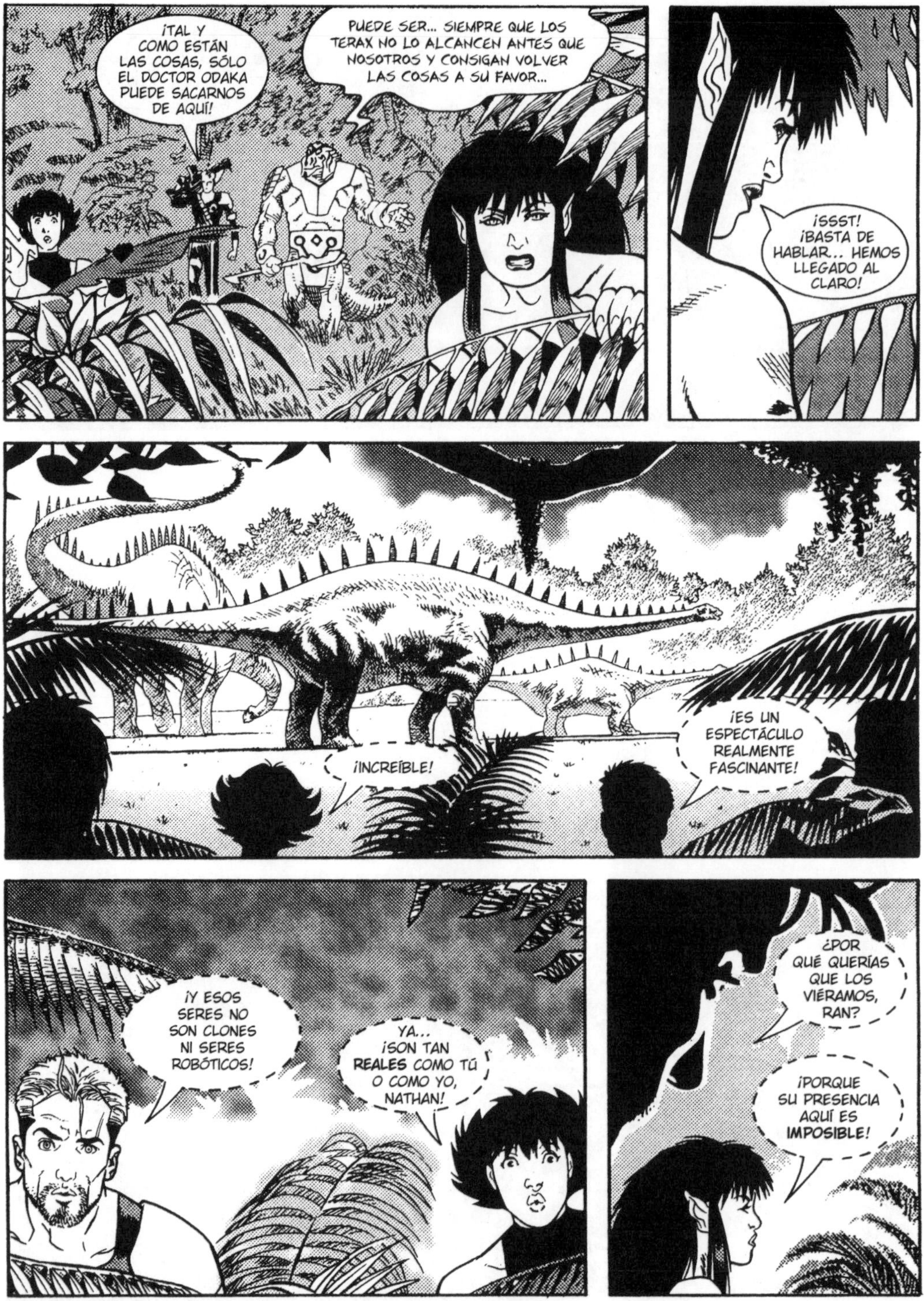
¡TAL Y COMO ESTÁN LAS COSAS, SÓLO EL DOCTOR ODAKA PUEDE SACARNOS DE AQUÍ!
PUEDE SER... SIEMPRE QUE LOS TERAX NO LO ALCANCEN ANTES QUE NOSOTROS Y CONSIGAN VOLVER LAS COSAS A SU FAVOR...
¡SSST! ¡BASTA DE HABLAR... HEMOS LLEGADO AL CLARO!
¡INCREÍBLE!
¡ES UN ESPECTÁCULO REALMENTE FASCINANTE!
¡Y ESOS SERES NO SON CLONES NI SERES ROBÓTICOS!
YA... ¡SON TAN REALES COMO TÚ O COMO YO, NATHAN!
¿POR QUÉ QUERÍAS QUE LOS VIÉRAMOS, RAN?
¡PORQUE SU PRESENCIA AQUÍ ES IMPOSIBLE!

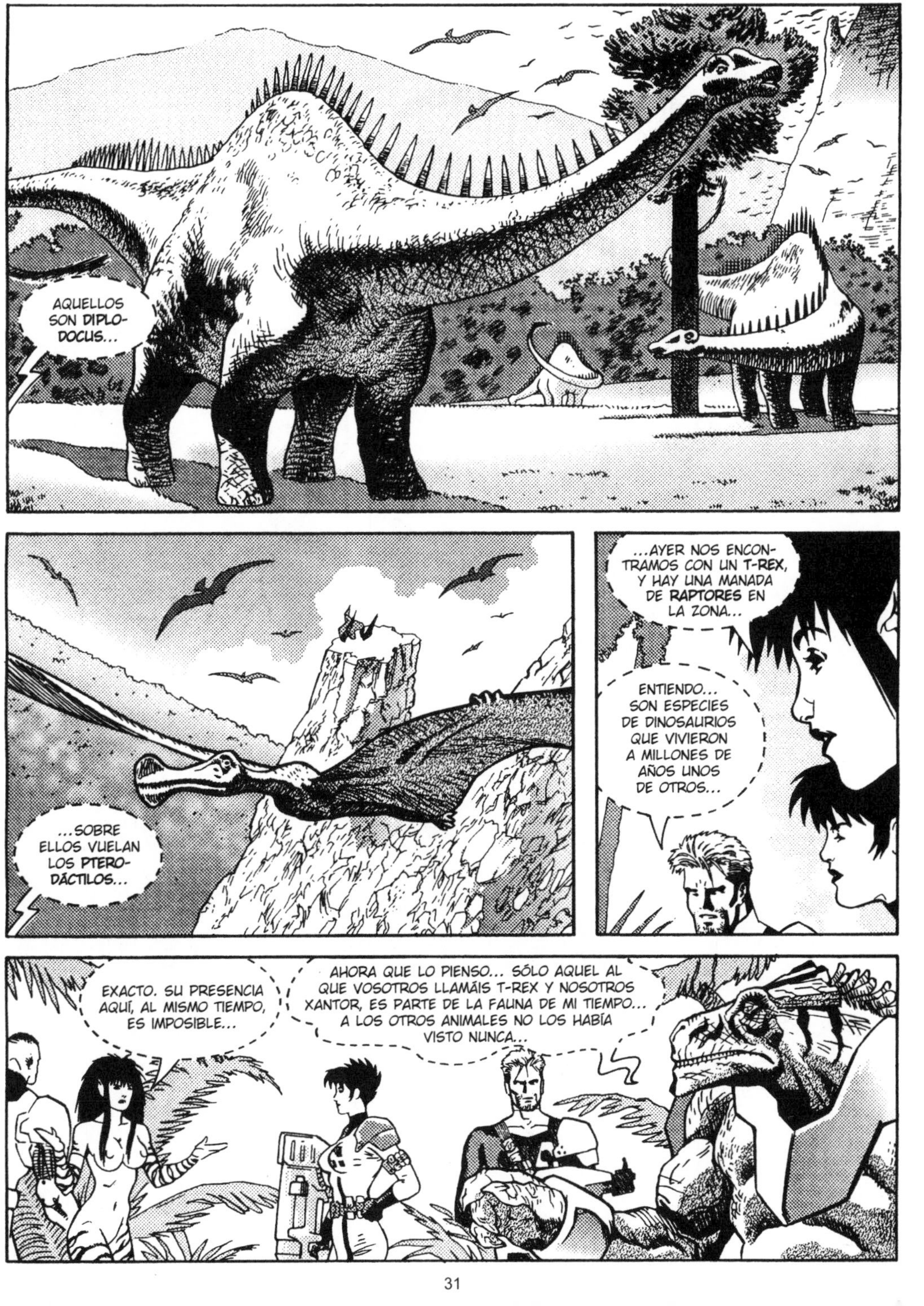
AQUELLOS SON DIPLO-DOCUS...
...SOBRE ELLOS VUELAN LOS PTERO-DÁCTILOS...
...AYER NOS ENCON-TRAMOS CON UN T-REX, Y HAY UNA MANADA DE RAPTORES EN LA ZONA...
ENTIENDO... SON ESPECIES DE DINOSAURIOS QUE VIVIERON A MILLONES DE AÑOS UNOS DE OTROS...
EXACTO. SU PRESENCIA AQUÍ, AL MISMO TIEMPO, ES IMPOSIBLE...
AHORA QUE LO PIENSO... SÓLO AQUEL AL QUE VOSOTROS LLAMÁIS T-REX Y NOSOTROS XANTOR, ES PARTE DE LA FAUNA DE MI TIEMPO... A LOS OTROS ANIMALES NO LOS HABÍA VISTO NUNCA...

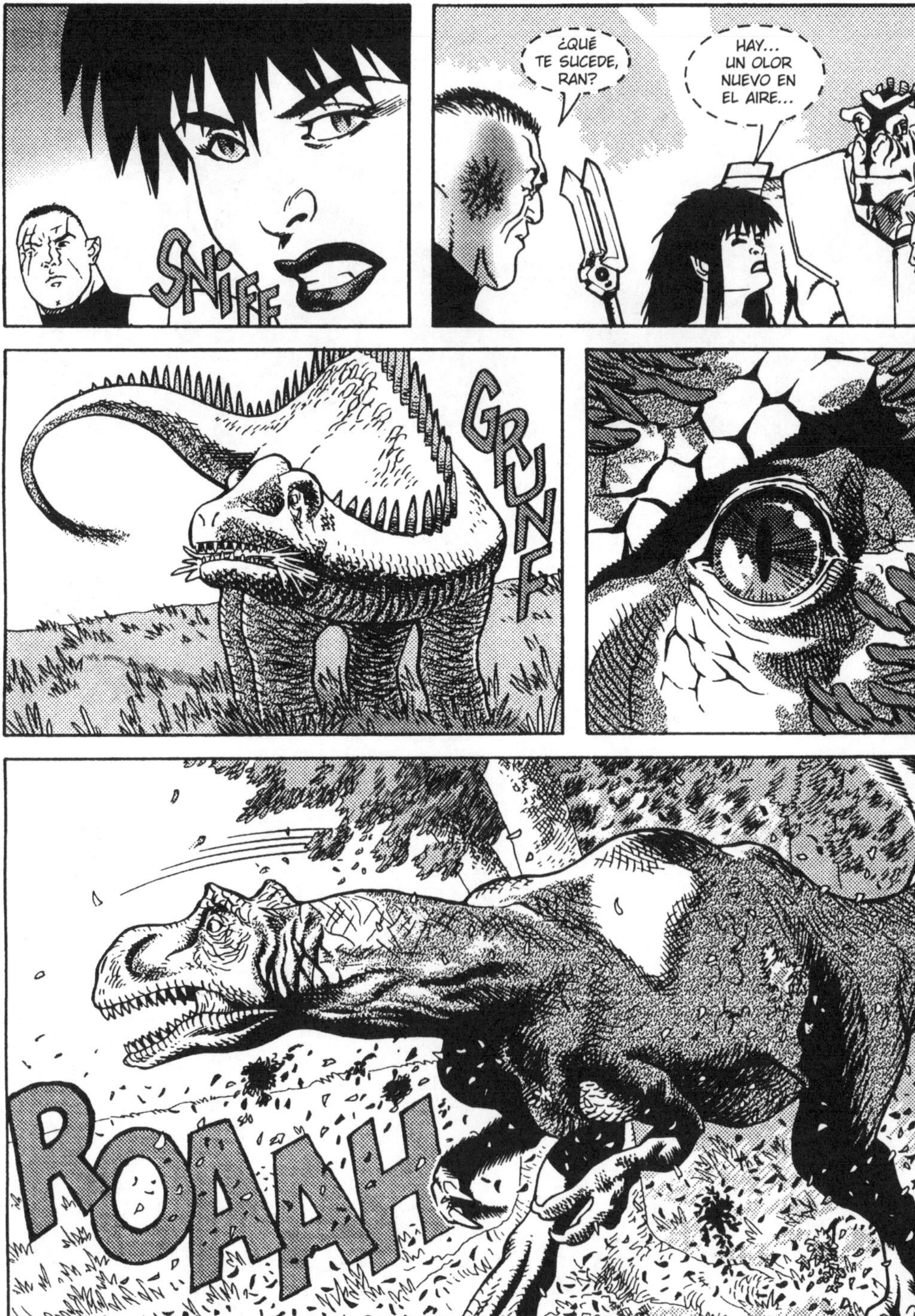
SNIFF
¿QUÉ TE SUCEDE, RAN?
HAY... UN OLOR NUEVO EN EL AIRE...
GRUNF
ROAAH

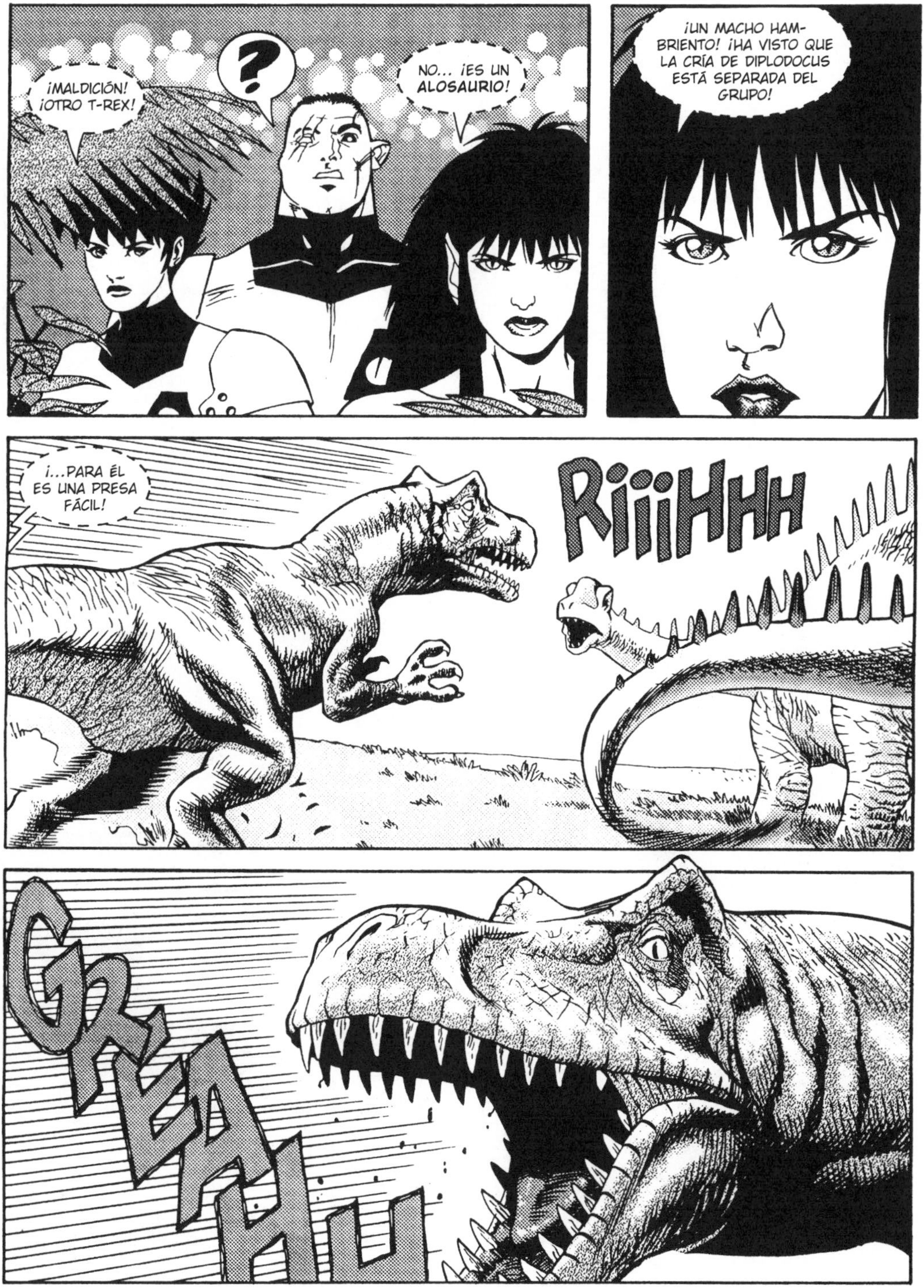
¡MALDICIÓN! ¡OTRO T-REX!
?
NO... ¡ES UN ALOSAURIO!
¡UN MACHO HAMBRIENTO! ¡HA VISTO QUE LA CRÍA DE DIPLODOCUS ESTÁ SEPARADA DEL GRUPO!
¡...PARA ÉL ES UNA PRESA FÁCIL!
RiiiHHH

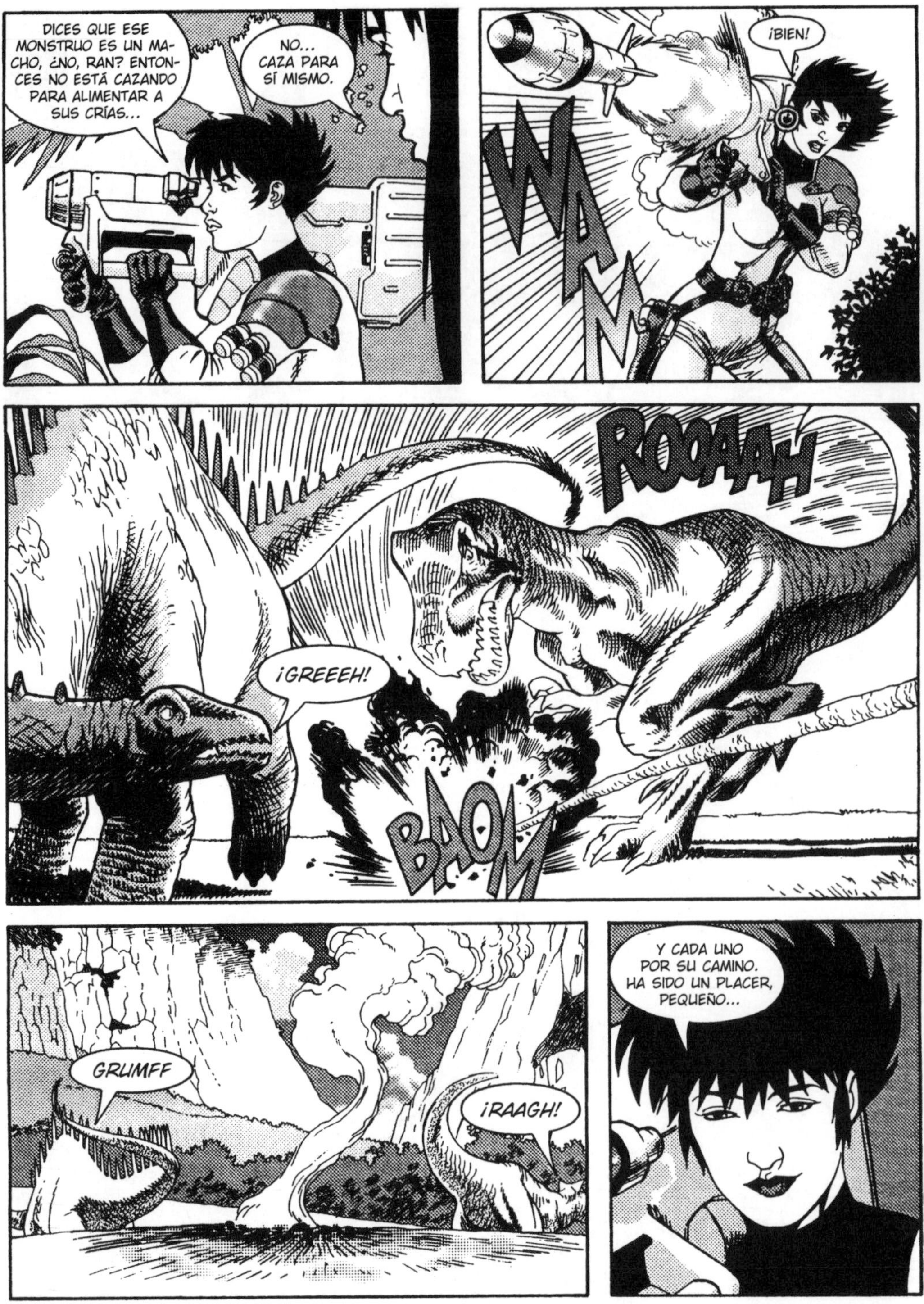
DICES QUE ESE MONSTRUO ES UN MACHO, ¿NO, RAN? ENTONCES NO ESTÁ CAZANDO PARA ALIMENTAR A SUS CRÍAS...
NO... CAZA PARA SÍ MISMO.
¡BIEN!
WAM
ROOAAAH
¡GREEEH!
BAOM
GRUMFF
¡RAAGH!
Y CADA UNO POR SU CAMINO. HA SIDO UN PLACER, PEQUEÑO...

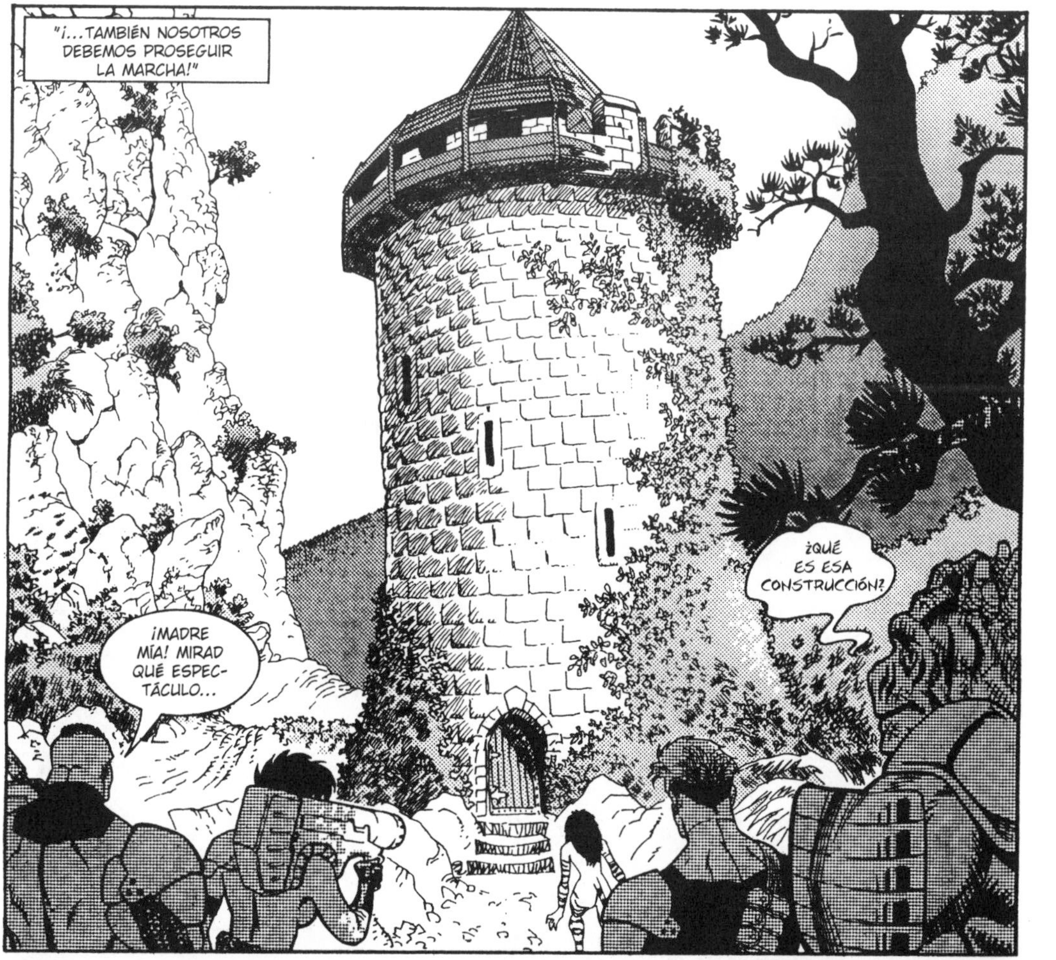
"¡...TAMBIÉN NOSOTROS DEBEMOS PROSEGUIR LA MARCHA!"
¡MADRE MÍA! MIRAD QUÉ ESPECTÁCULO...
¿QUÉ ES ESA CONSTRUCCIÓN?

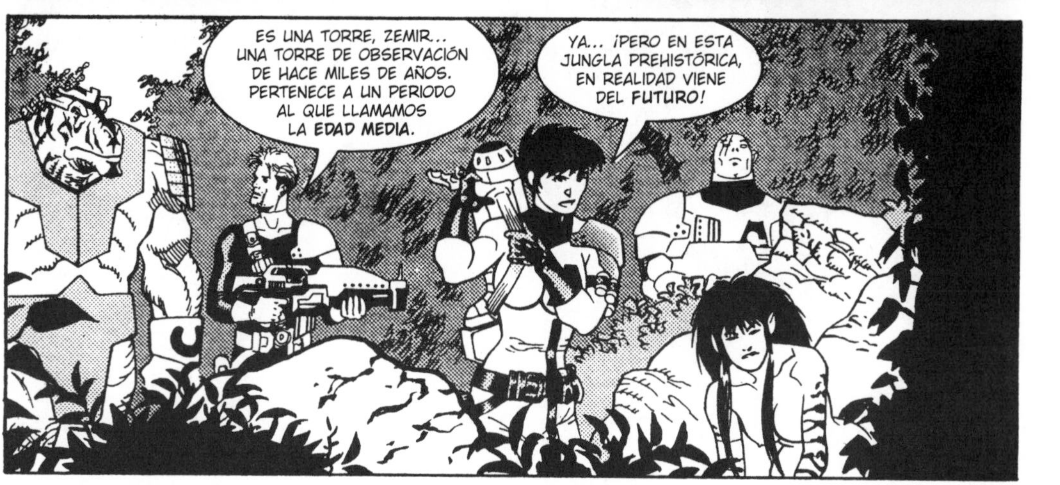
ES UNA TORRE, ZEMIR... UNA TORRE DE OBSERVACIÓN DE HACE MILES DE AÑOS. PERTENECE A UN PERIODO AL QUE LLAMAMOS LA **EDAD MEDIA**.
YA... ¡PERO EN ESTA JUNGLA PREHISTÓRICA, EN REALIDAD VIENE DEL **FUTURO**!

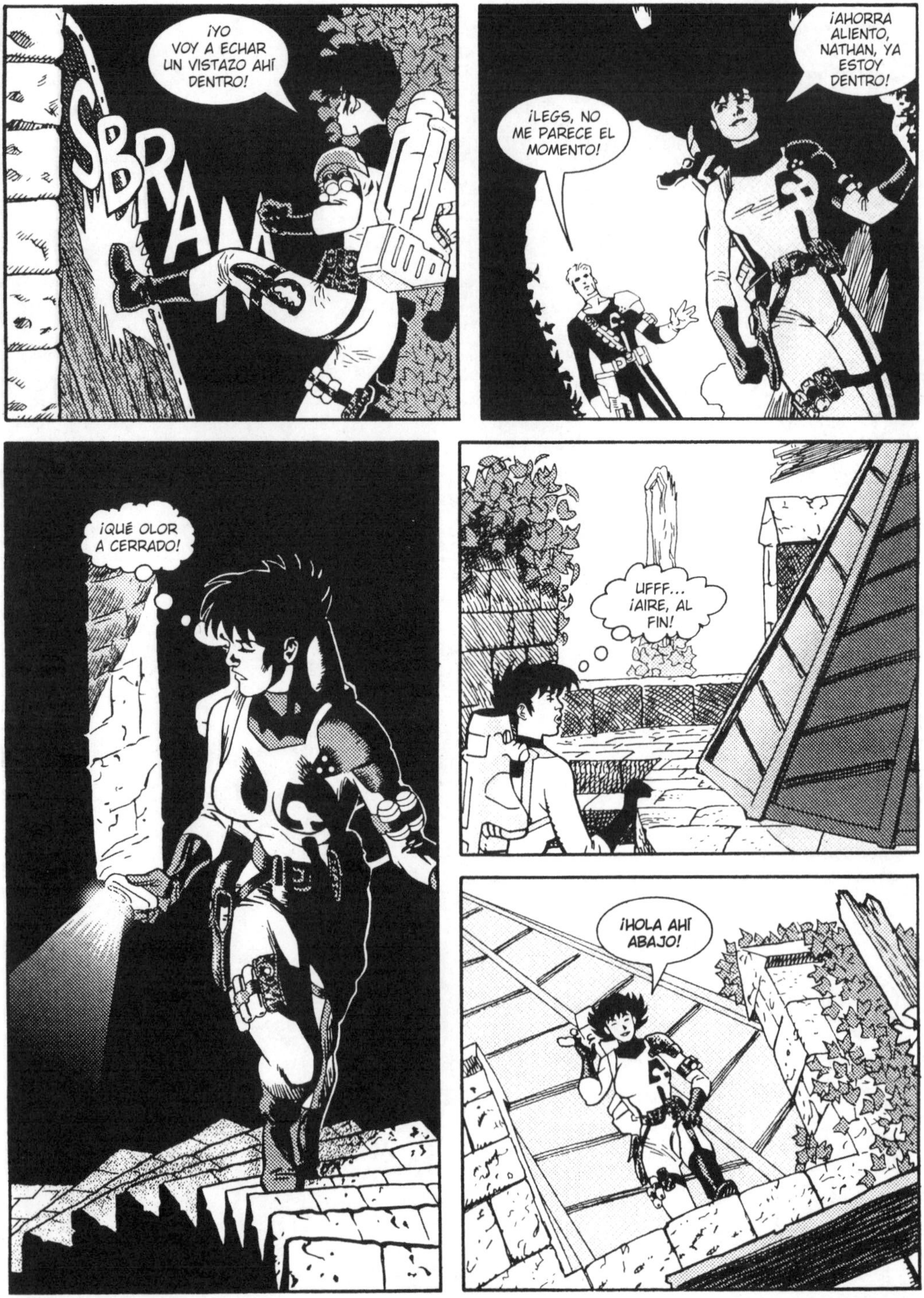
¡YO VOY A ECHAR UN VISTAZO AHÍ DENTRO!
SBRAAA
¡LEGS, NO ME PARECE EL MOMENTO!
¡AHORRA ALIENTO, NATHAN, YA ESTOY DENTRO!
¡QUÉ OLOR A CERRADO!
UFFF... ¡AIRE, AL FIN!
¡HOLA AHÍ ABAJO!

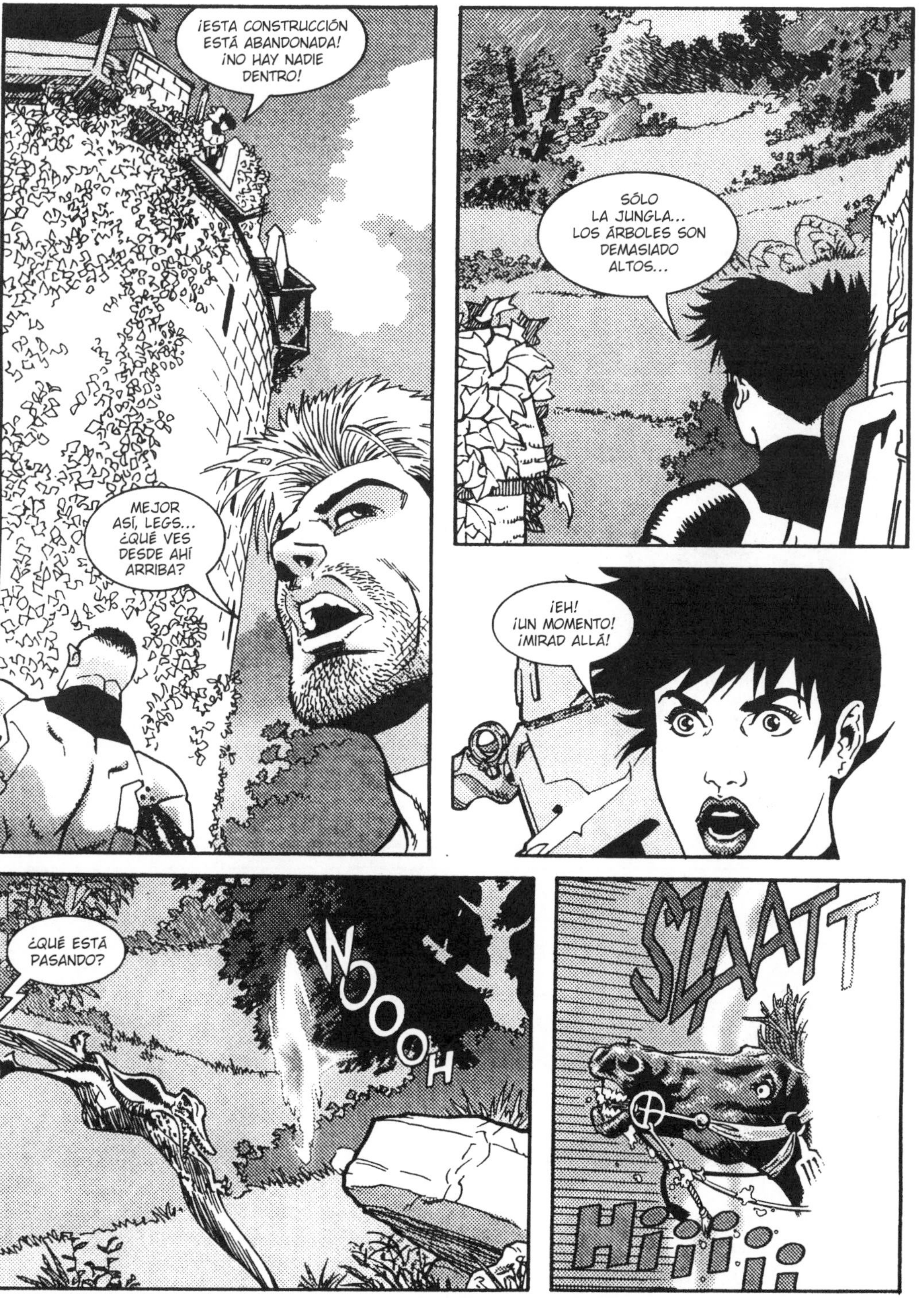
¡ESTA CONSTRUCCIÓN ESTÁ ABANDONADA! ¡NO HAY NADIE DENTRO!
MEJOR ASÍ, LEGS... ¿QUÉ VES DESDE AHÍ ARRIBA?
SÓLO LA JUNGLA... LOS ÁRBOLES SON DEMASIADO ALTOS...
¡EH! ¡UN MOMENTO! ¡MIRAD ALLÁ!
¿QUÉ ESTÁ PASANDO?
WOOOOH
SLAATT
HIIII

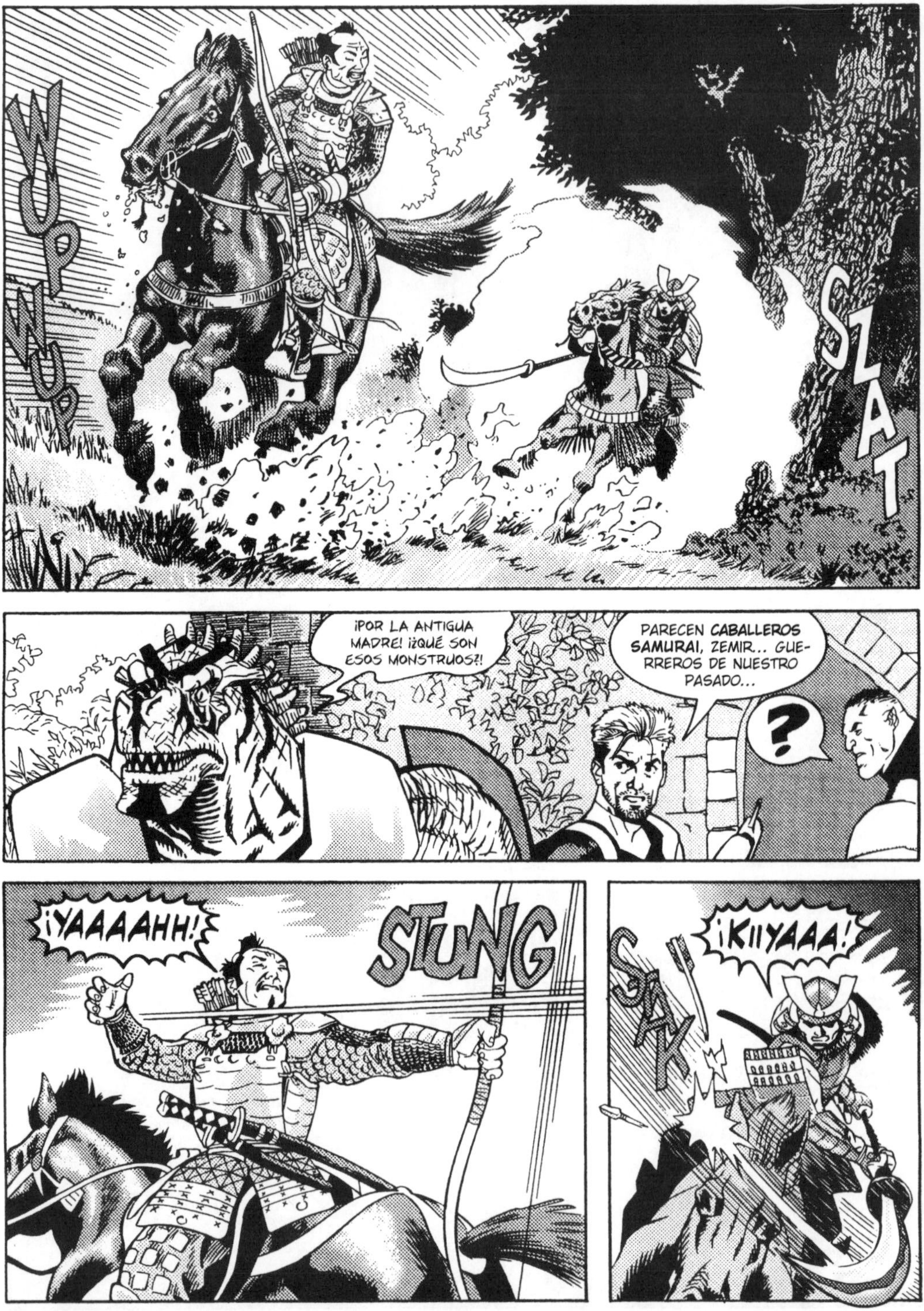
WUP WUP
SLAT
¡POR LA ANTIGUA MADRE! ¡¿QUÉ SON ESOS MONSTRUOS?!
PARECEN CABALLEROS SAMURAI, ZEMIR... GUERREROS DE NUESTRO PASADO...
?
¡YAAAAHH!
STUNG
SLAK
¡KIIYAAA!

¡YAAAA!

¡AAARGH!

SZOCK

SZAT

WOOOOH

¡HAN DESA-
PARECIDO!

¡ESTABAN TAN ABSOR-
TOS EN SU DUELO QUE
NI SIQUIERA SE HAN DADO
CUENTA DE LO QUE PASABA
A SU ALREDEDOR!

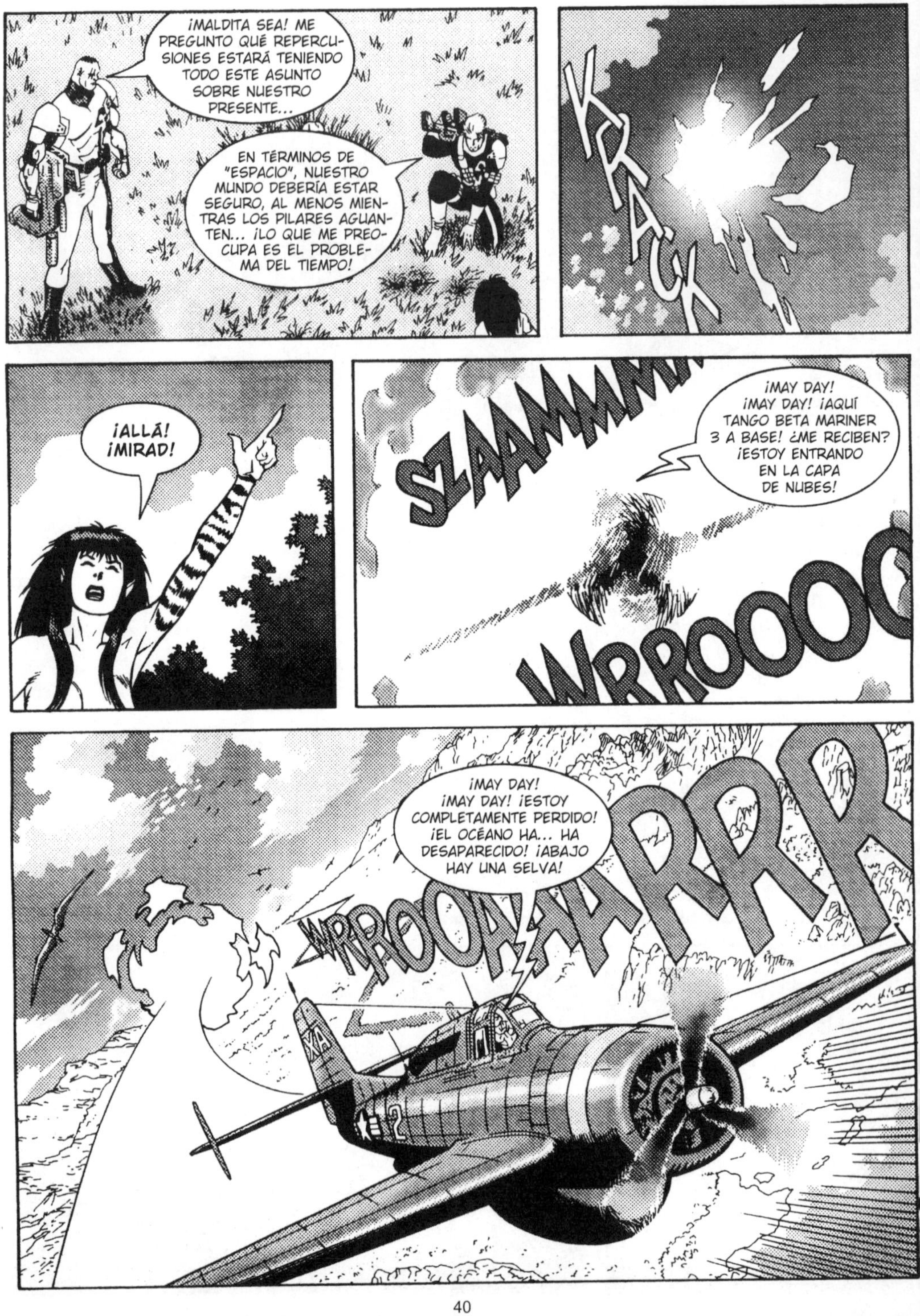
¡MALDITA SEA! ME PREGUNTO QUÉ REPERCUSIONES ESTARÁ TENIENDO TODO ESTE ASUNTO SOBRE NUESTRO PRESENTE...
EN TÉRMINOS DE "ESPACIO", NUESTRO MUNDO DEBERÍA ESTAR SEGURO, AL MENOS MIENTRAS LOS PILARES AGUANTEN... ¡LO QUE ME PREOCUPA ES EL PROBLEMA DEL TIEMPO!
KRACK
¡ALLÁ! ¡MIRAD!
SZAAMMMM
¡MAY DAY! ¡MAY DAY! ¡AQUÍ TANGO BETA MARINER 3 A BASE! ¿ME RECIBEN? ¡ESTOY ENTRANDO EN LA CAPA DE NUBES!
WRROOOOO
¡MAY DAY! ¡MAY DAY! ¡ESTOY COMPLETAMENTE PERDIDO! ¡EL OCÉANO HA... HA DESAPARECIDO! ¡ABAJO HAY UNA SELVA!
WRROOAAARRRR

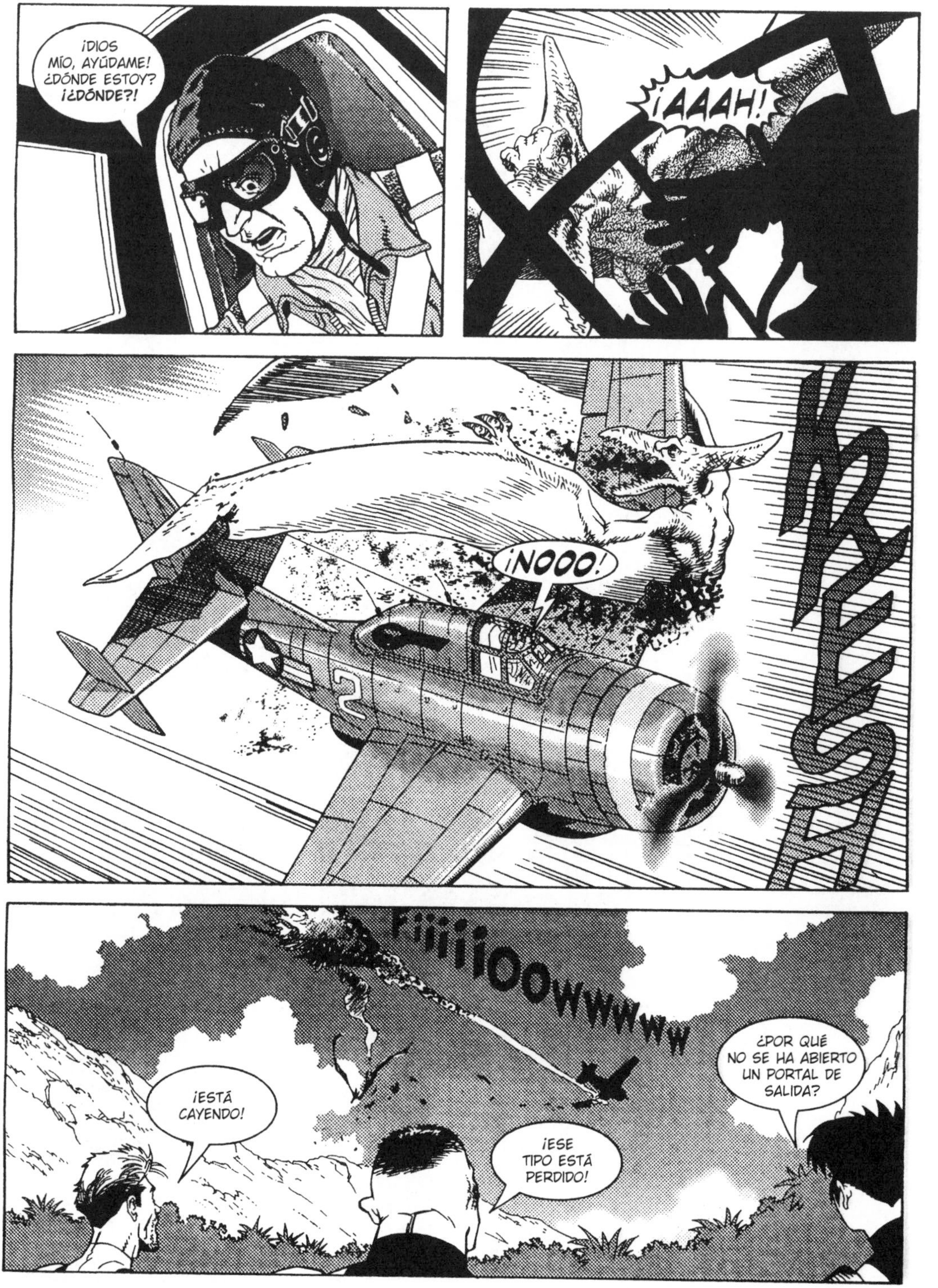
¡DIOS MÍO, AYÚDAME! ¿DÓNDE ESTOY? ¡¿DÓNDE?!
¡AAAH!
¡NOOO!
¡ESTÁ CAYENDO!
¡ESE TIPO ESTÁ PERDIDO!
¿POR QUÉ NO SE HA ABIERTO UN PORTAL DE SALIDA?

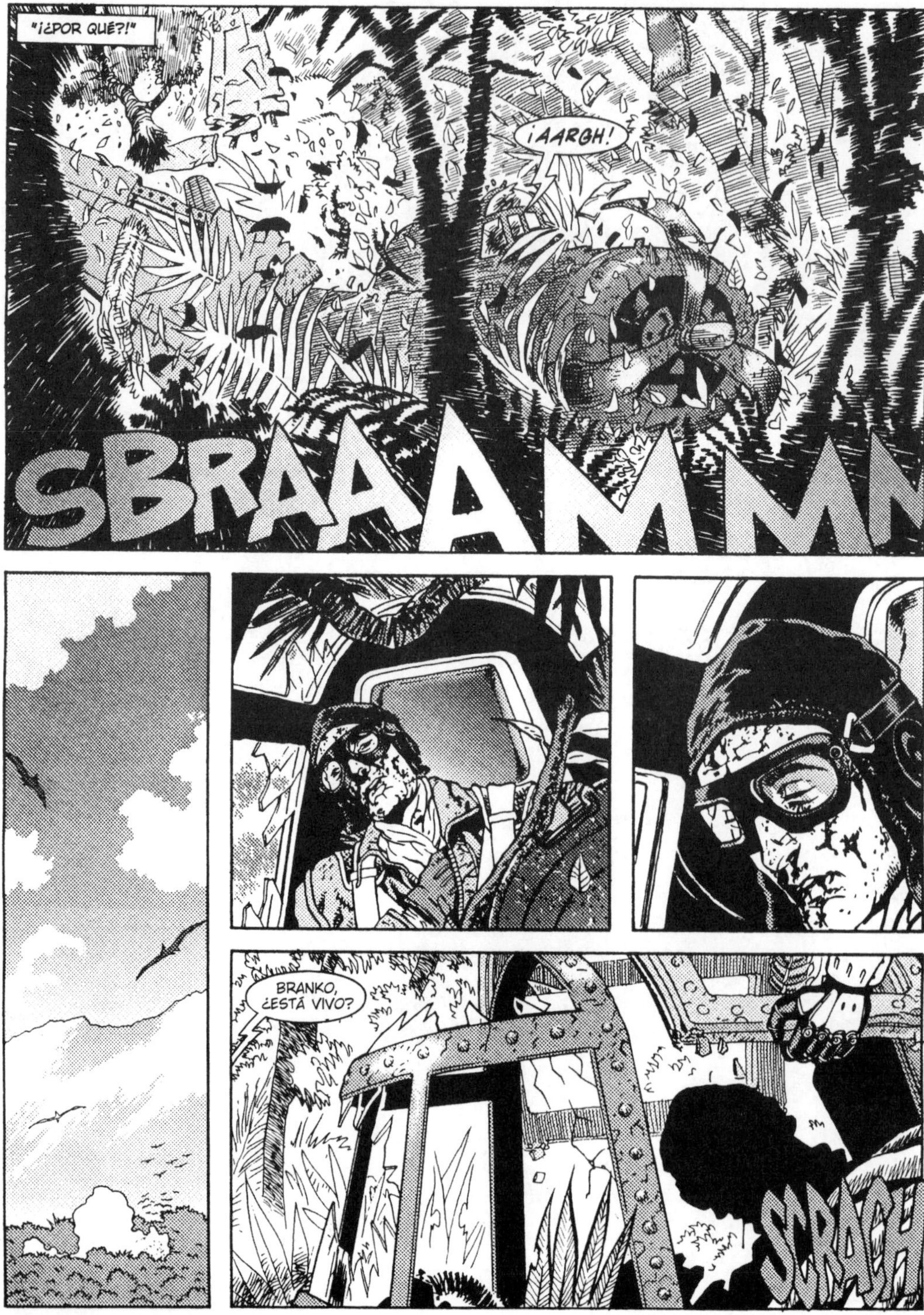
"¡¿POR QUÉ?!"
¡AARGH!
SBRAAAMM
BRANKO, ¿ESTÁ VIVO?
SCRACH

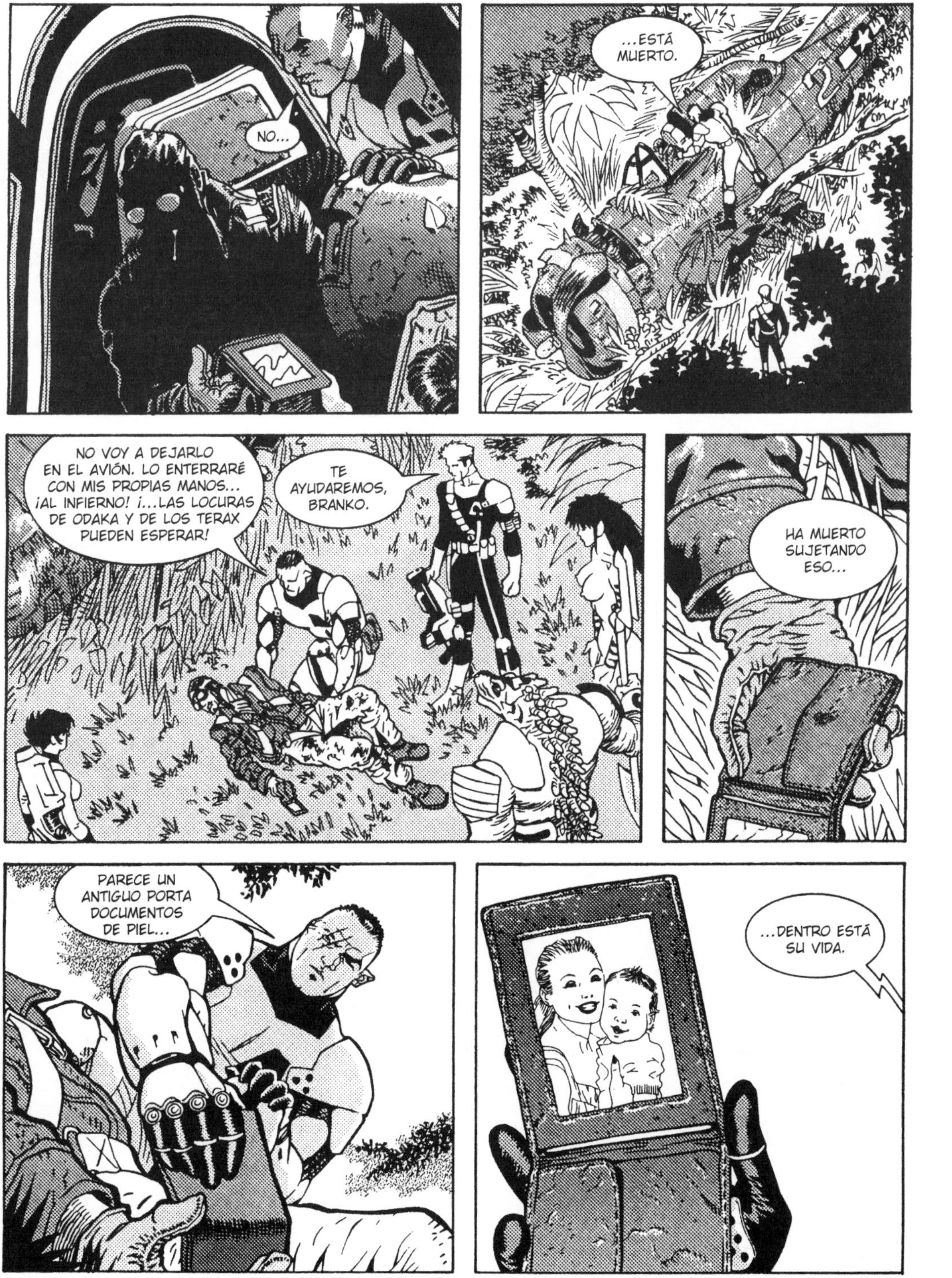
NO...
...ESTÁ MUERTO.
NO VOY A DEJARLO EN EL AVIÓN. LO ENTERRARÉ CON MIS PROPIAS MANOS... ¡AL INFIERNO! ¡...LAS LOCURAS DE ODAKA Y DE LOS TERAX PUEDEN ESPERAR!
TE AYUDAREMOS, BRANKO.
HA MUERTO SUJETANDO ESO...
PARECE UN ANTIGUO PORTA DOCUMENTOS DE PIEL...
...DENTRO ESTÁ SU VIDA.

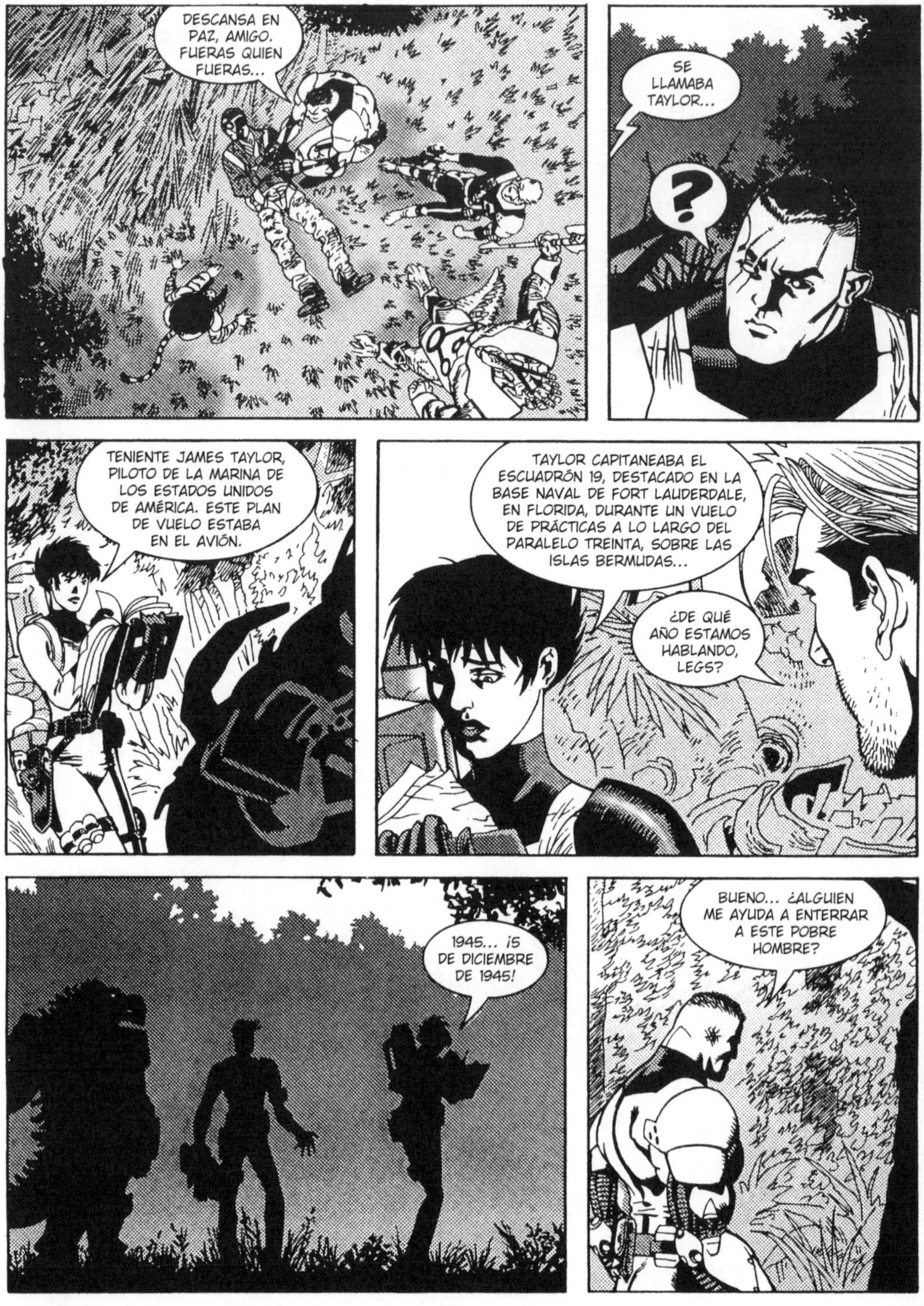
DESCANSA EN PAZ, AMIGO. FUERAS QUIEN FUERAS...
SE LLAMABA TAYLOR...
?
TENIENTE JAMES TAYLOR, PILOTO DE LA MARINA DE LOS ESTADOS UNIDOS DE AMÉRICA. ESTE PLAN DE VUELO ESTABA EN EL AVIÓN.
TAYLOR CAPITANEABA EL ESCUADRÓN 19, DESTACADO EN LA BASE NAVAL DE FORT LAUDERDALE, EN FLORIDA, DURANTE UN VUELO DE PRÁCTICAS A LO LARGO DEL PARALELO TREINTA, SOBRE LAS ISLAS BERMUDAS...
¿DE QUÉ AÑO ESTAMOS HABLANDO, LEGS?
1945... ¡5 DE DICIEMBRE DE 1945!
BUENO... ¿ALGUIEN ME AYUDA A ENTERRAR A ESTE POBRE HOMBRE?

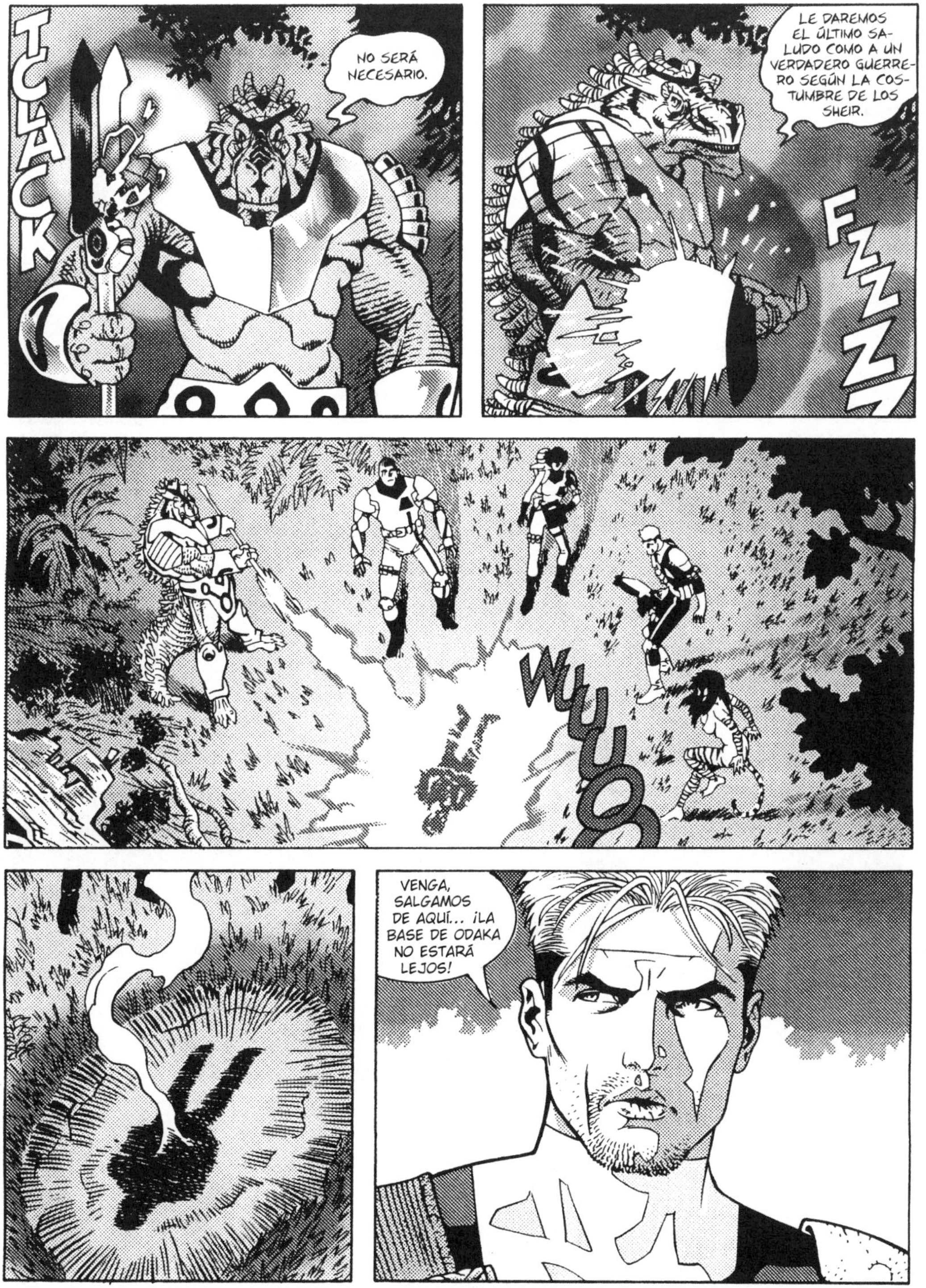
TCLACK
NO SERÁ NECESARIO.
LE DAREMOS EL ÚLTIMO SALUDO COMO A UN VERDADERO GUERRERO SEGÚN LA COSTUMBRE DE LOS SHEIR.
FZZZ
WUUUOO
VENGA, SALGAMOS DE AQUÍ... ¡LA BASE DE ODAKA NO ESTARÁ LEJOS!

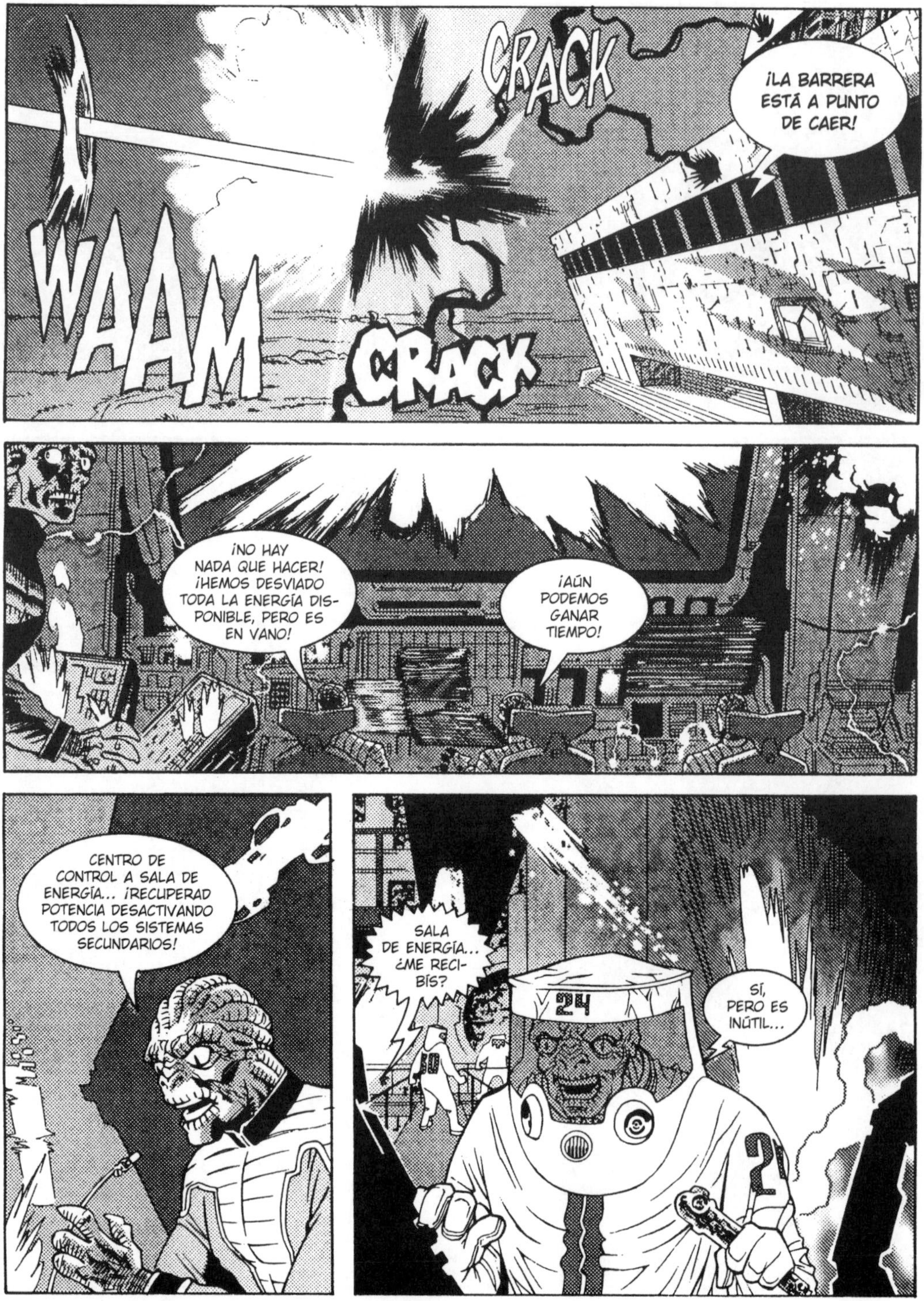
CRACK
¡LA BARRERA ESTÁ A PUNTO DE CAER!
WAAM
CRACK
¡NO HAY NADA QUE HACER! ¡HEMOS DESVIADO TODA LA ENERGÍA DISPONIBLE, PERO ES EN VANO!
¡AÚN PODEMOS GANAR TIEMPO!
CENTRO DE CONTROL A SALA DE ENERGÍA... ¡RECUPERAD POTENCIA DESACTIVANDO TODOS LOS SISTEMAS SECUNDARIOS!
SALA DE ENERGÍA... ¿ME RECIBÍS?
SÍ, PERO ES INÚTIL...

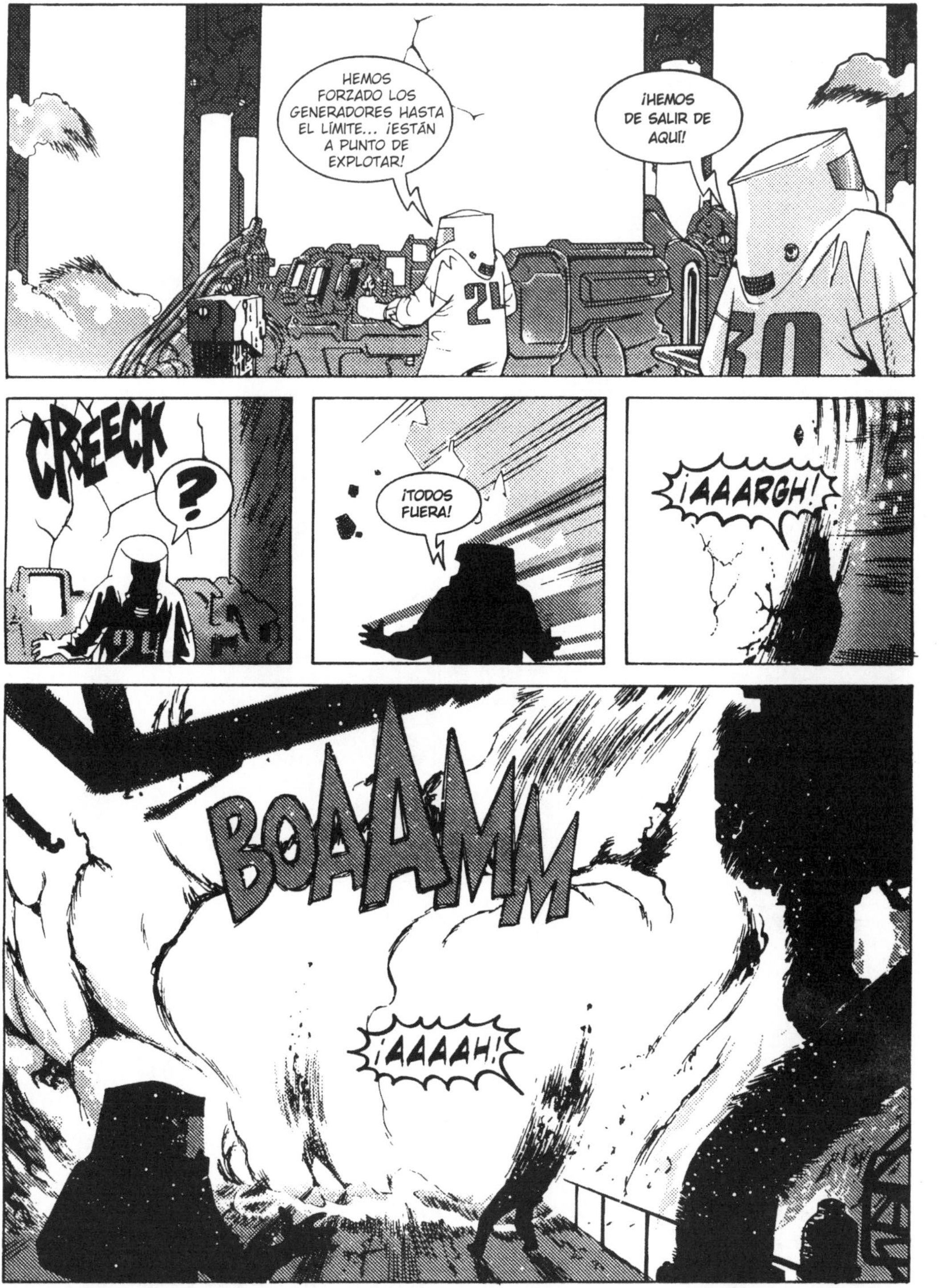

HEMOS FORZADO LOS GENERADORES HASTA EL LÍMITE... ¡ESTÁN A PUNTO DE EXPLOTAR!
¡HEMOS DE SALIR DE AQUÍ!
CREECK
?
¡TODOS FUERA!
¡AAARGH!
BOAAMM
¡AAAAH!

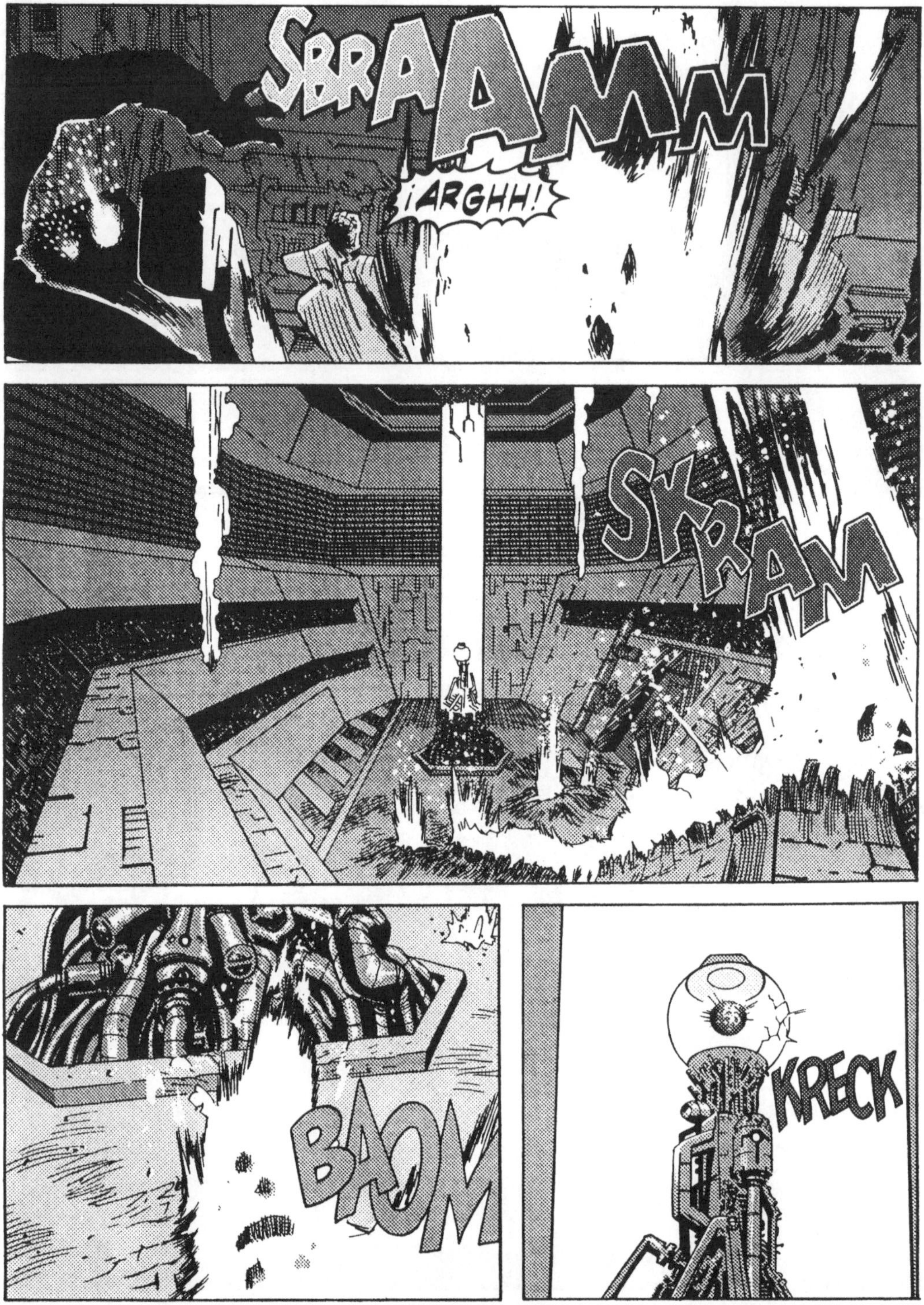
SBRAAMM
¡ARGHH!
SKRAM
BAOM
KRECK

DERRIBAD LAS PUERTAS Y ENTRAD. MATAD A CUALQUIERA QUE HAYA EN LA BASE, ANTES DE QUE PUEDAN CONTRAATACAR...

¡LA BARRERA HA SIDO DESTRUIDA, GHOR!

¡QUIERO ESA FUENTE DE ENERGÍA A CUALQUIER PRECIO!

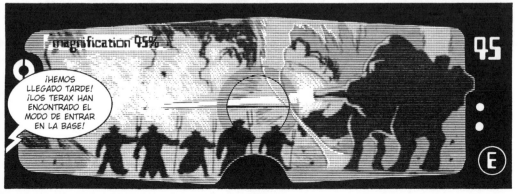

magnification 45%

45

¡HEMOS LLEGADO TARDE! ¡LOS TERAX HAN ENCONTRADO EL MODO DE ENTRAR EN LA BASE!

E

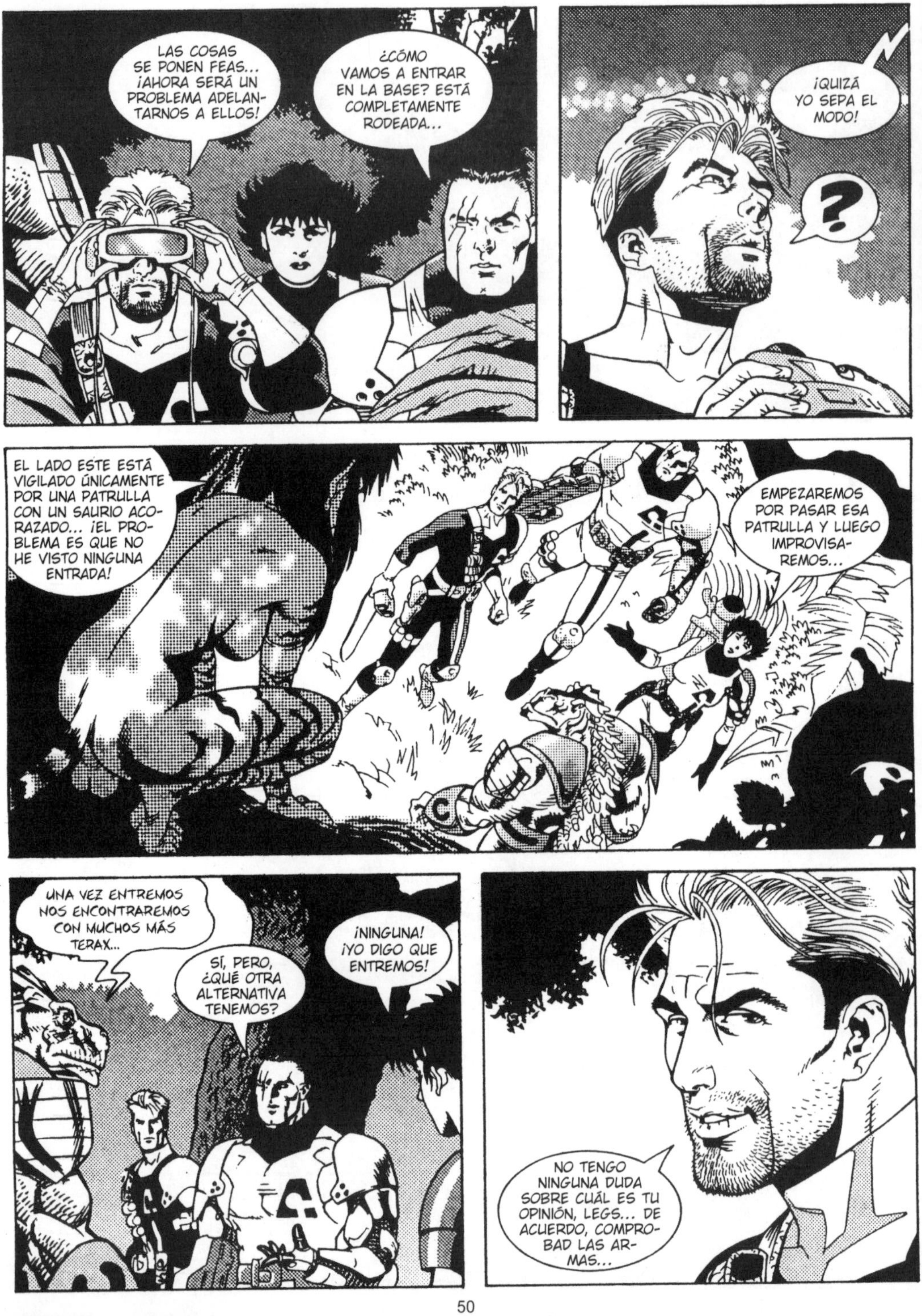
LAS COSAS SE PONEN FEAS... ¡AHORA SERÁ UN PROBLEMA ADELANTARNOS A ELLOS!
¿CÓMO VAMOS A ENTRAR EN LA BASE? ESTÁ COMPLETAMENTE RODEADA...
¡QUIZÁ YO SEPA EL MODO!
?
EL LADO ESTE ESTÁ VIGILADO ÚNICAMENTE POR UNA PATRULLA CON UN SAURIO ACORAZADO... ¡EL PROBLEMA ES QUE NO HE VISTO NINGUNA ENTRADA!
EMPEZAREMOS POR PASAR ESA PATRULLA Y LUEGO IMPROVISAREMOS...
UNA VEZ ENTREMOS NOS ENCONTRAREMOS CON MUCHOS MÁS TERAX...
SÍ, PERO, ¿QUÉ OTRA ALTERNATIVA TENEMOS?
¡NINGUNA! ¡YO DIGO QUE ENTREMOS!
NO TENGO NINGUNA DUDA SOBRE CUÁL ES TU OPINIÓN, LEGS... DE ACUERDO, COMPROBAD LAS ARMAS...

"¡...ENTRAMOS EN ACCIÓN!"

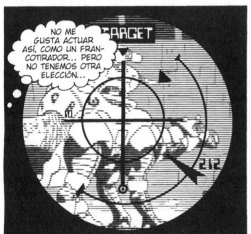

NO ME GUSTA ACTUAR ASÍ, COMO UN FRANCOTIRADOR... PERO NO TENEMOS OTRA ELECCIÓN...

¡...O ELLOS O NOSOTROS!

¡NOS ATACAN!

¡ALLÍ! ¡EN AQUELLOS MATORRALES!

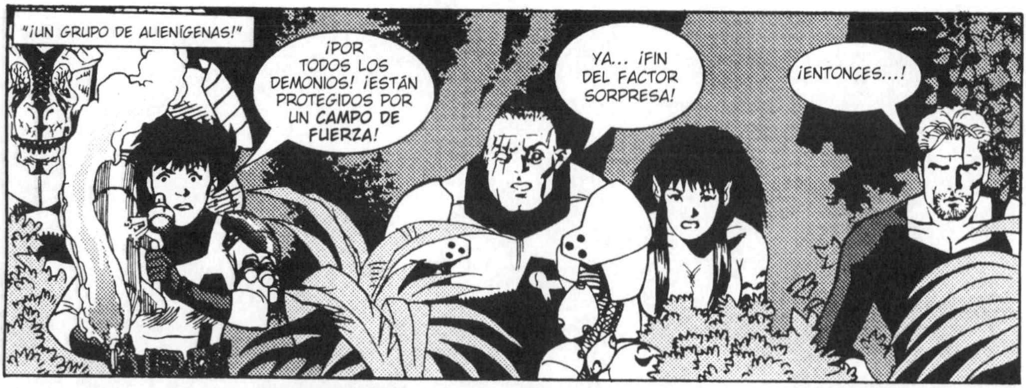
"¡UN GRUPO DE ALIENÍGENAS!"
¡POR TODOS LOS DEMONIOS! ¡ESTÁN PROTEGIDOS POR UN CAMPO DE FUERZA!
YA... ¡FIN DEL FACTOR SORPRESA!
¡ENTONCES...!

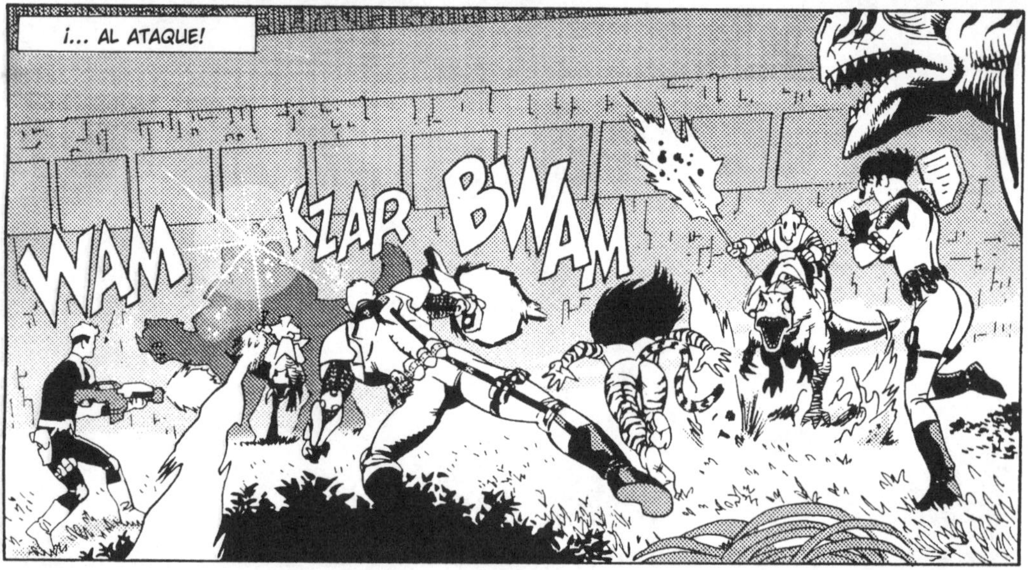
¡... AL ATAQUE!
WAM
KZAR
BWAM

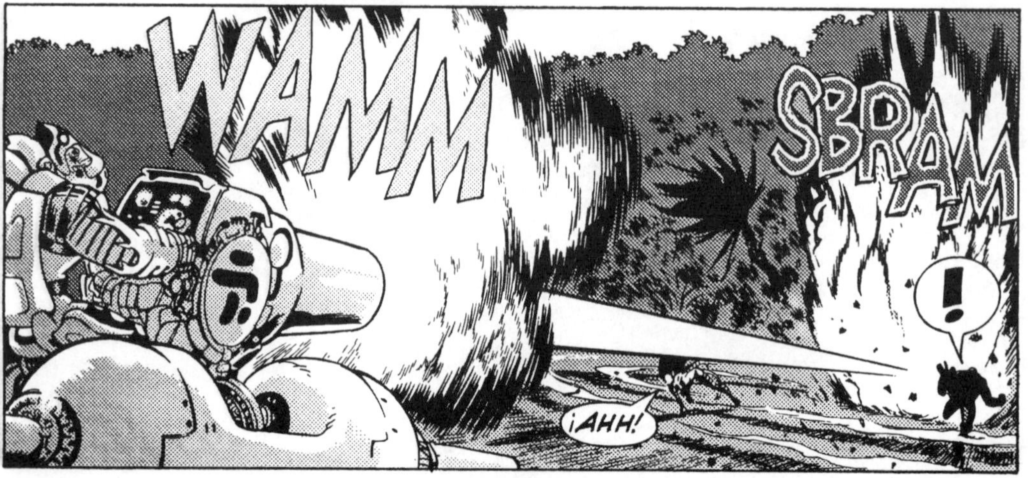
WAMM
SBRAM
!
¡AHH!

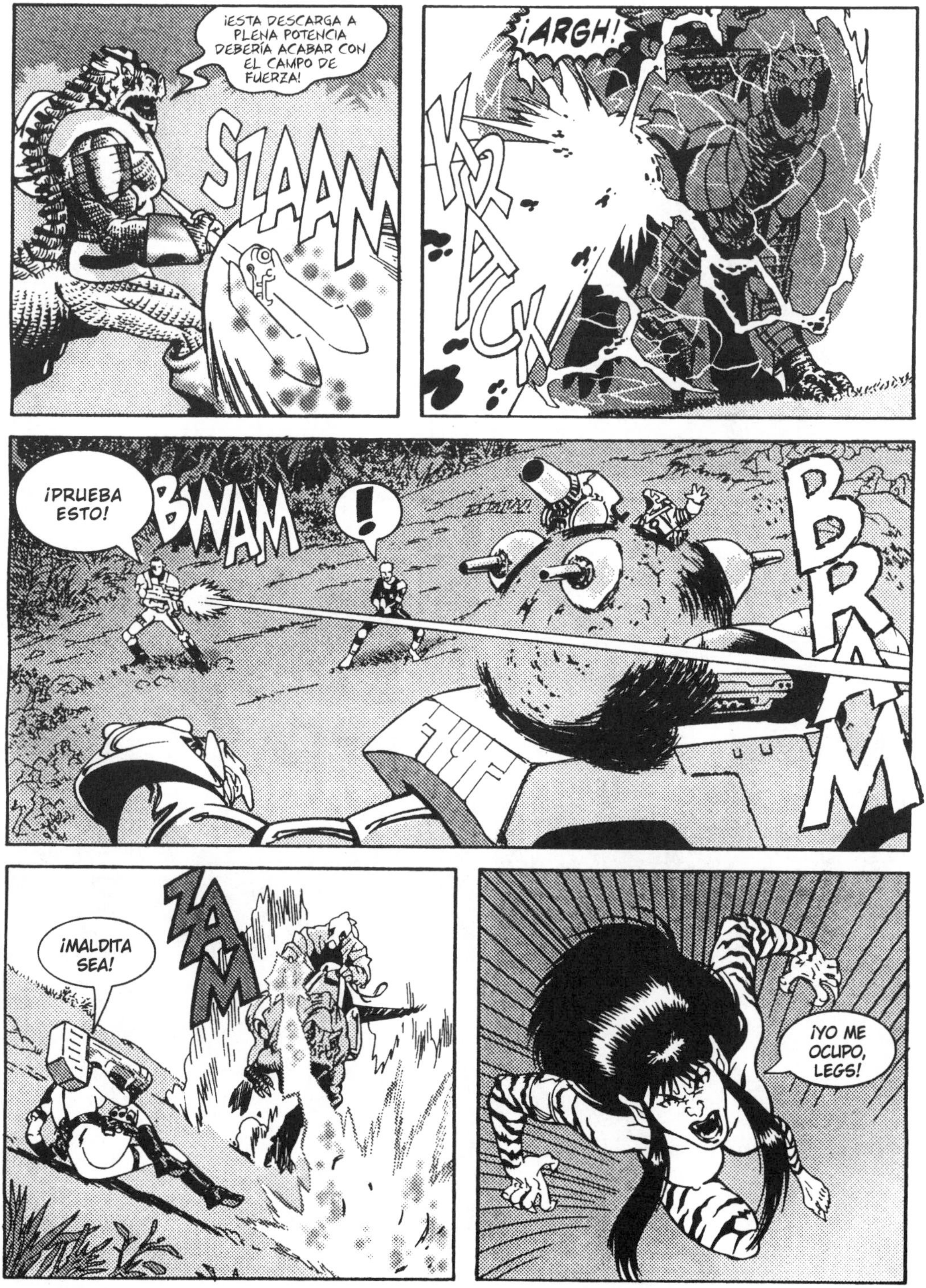
¡ESTA DESCARGA A PLENA POTENCIA DEBERÍA ACABAR CON EL CAMPO DE FUERZA!
SZAAM
¡ARGH!
KRACK
¡PRUEBA ESTO!
BWAM
!
BRAAM
¡MALDITA SEA!
ZAM
¡YO ME OCUPO, LEGS!

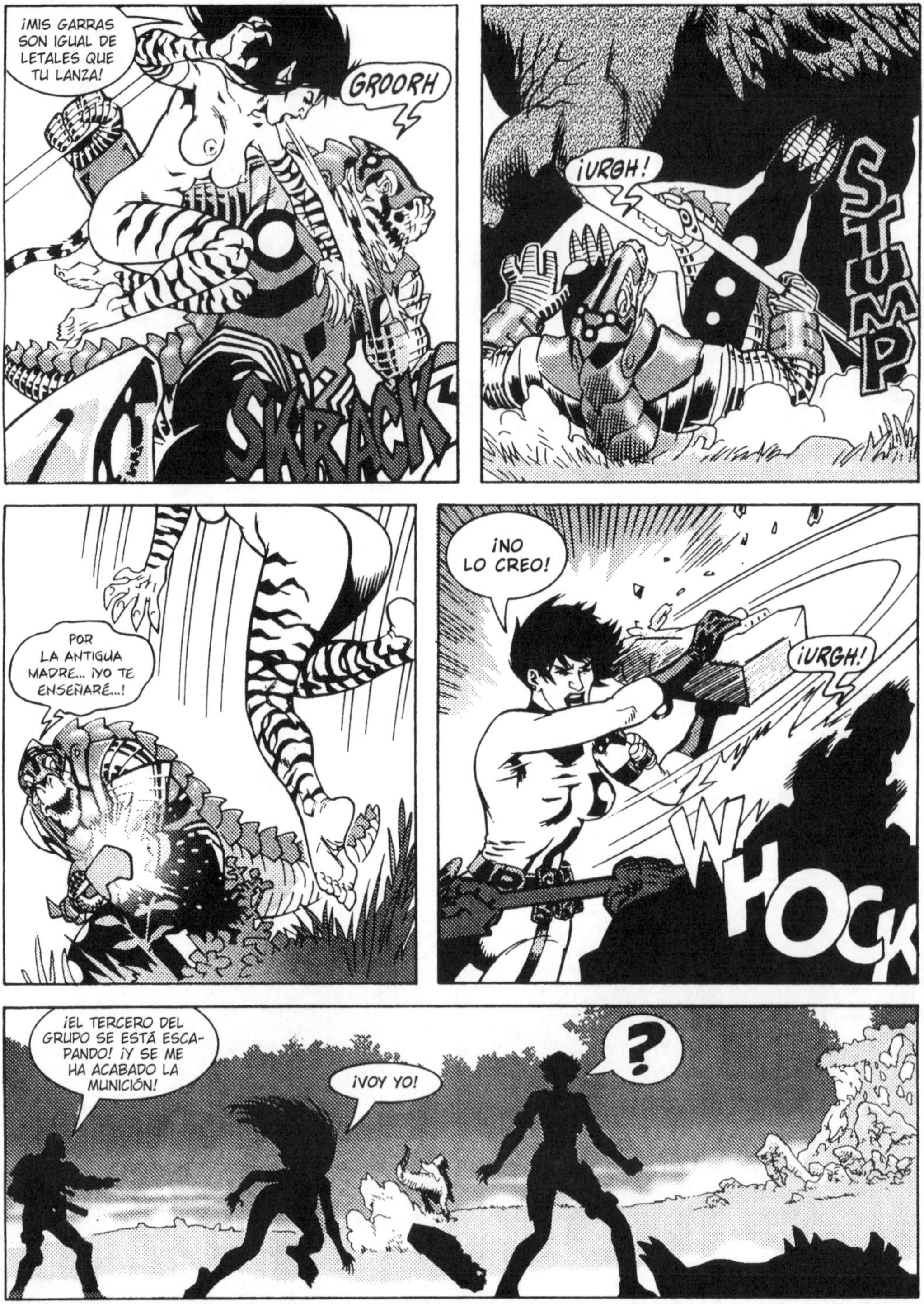
¡MIS GARRAS SON IGUAL DE LETALES QUE TU LANZA!
GROORH
SKRACK
¡URGH!
STUMP
POR LA ANTIGUA MADRE... ¡YO TE ENSEÑARÉ...!
¡NO LO CREO!
¡URGH!
WHOCK
¡EL TERCERO DEL GRUPO SE ESTÁ ESCAPANDO! ¡Y SE ME HA ACABADO LA MUNICIÓN!
¡VOY YO!
?

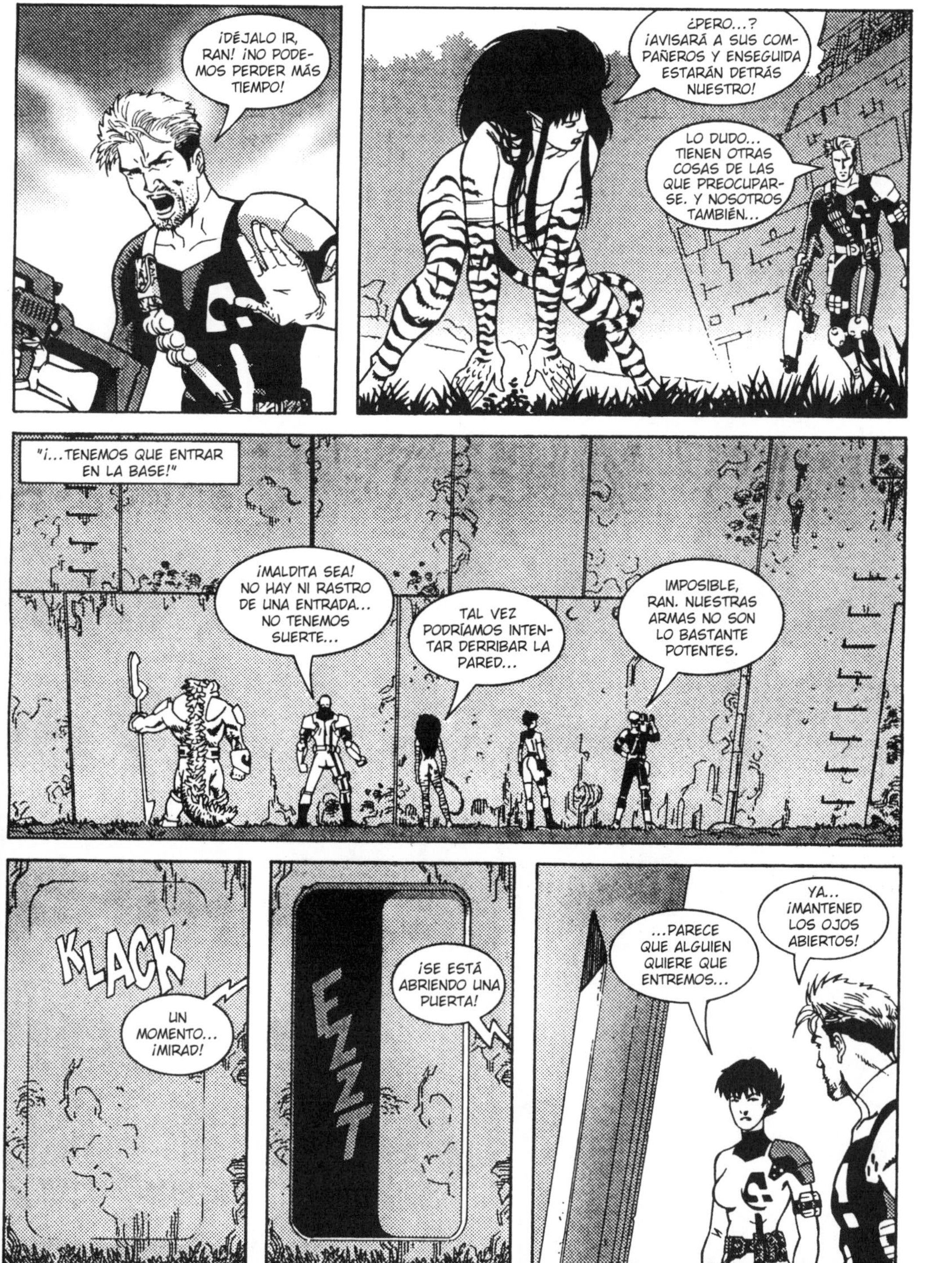
¡DÉJALO IR, RAN! ¡NO PODEMOS PERDER MÁS TIEMPO!
¿PERO...? ¡AVISARÁ A SUS COMPAÑEROS Y ENSEGUIDA ESTARÁN DETRÁS NUESTRO!
LO DUDO... TIENEN OTRAS COSAS DE LAS QUE PREOCUPARSE. Y NOSOTROS TAMBIÉN...
"¡...TENEMOS QUE ENTRAR EN LA BASE!"
¡MALDITA SEA! NO HAY NI RASTRO DE UNA ENTRADA... NO TENEMOS SUERTE...
TAL VEZ PODRÍAMOS INTENTAR DERRIBAR LA PARED...
IMPOSIBLE, RAN. NUESTRAS ARMAS NO SON LO BASTANTE POTENTES.
KLACK
UN MOMENTO... ¡MIRAD!
EZZZT
¡SE ESTÁ ABRIENDO UNA PUERTA!
...PARECE QUE ALGUIEN QUIERE QUE ENTREMOS...
YA... ¡MANTENED LOS OJOS ABIERTOS!

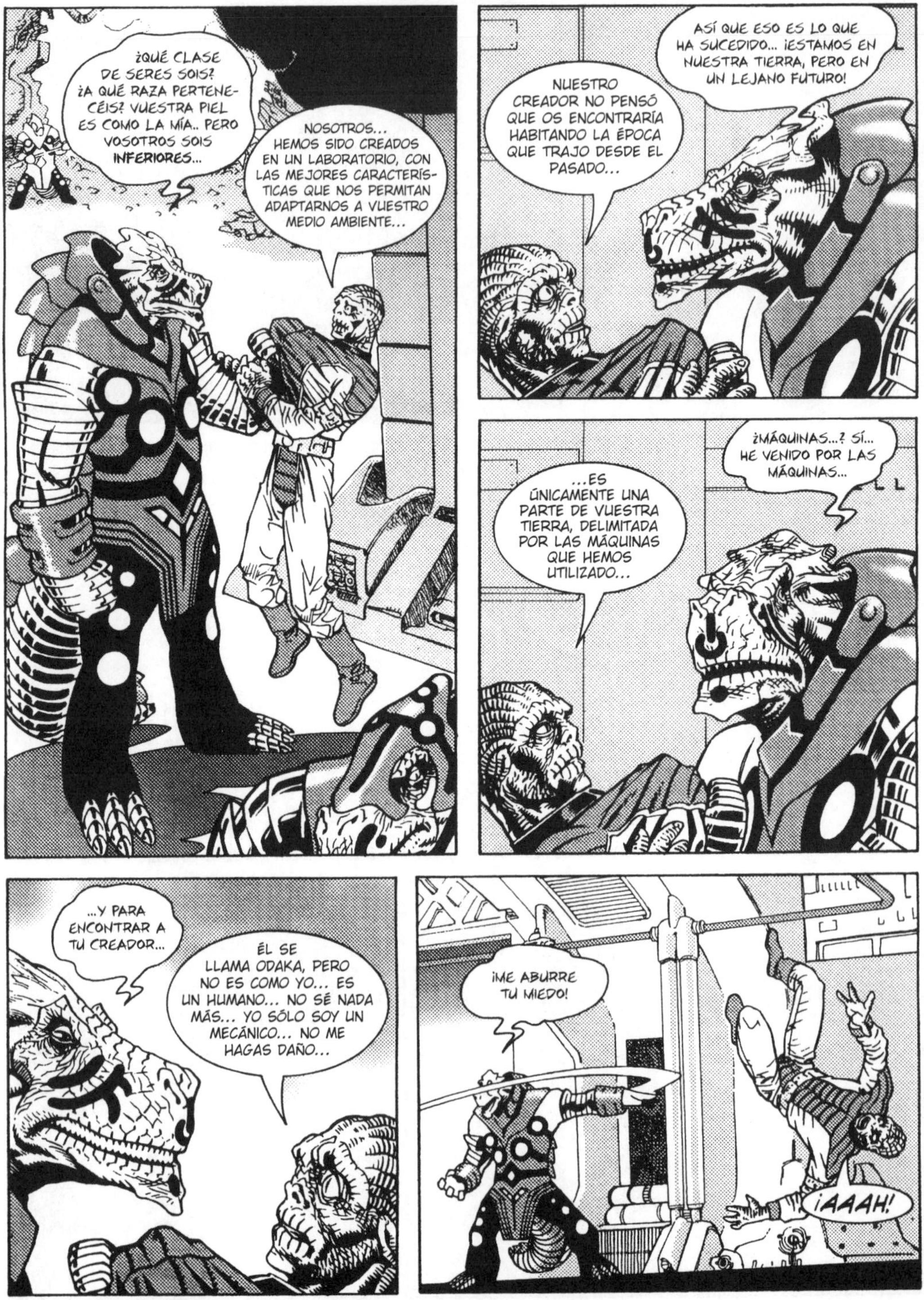
¿QUÉ CLASE DE SERES SOIS? ¿A QUÉ RAZA PERTENECÉIS? VUESTRA PIEL ES COMO LA MÍA.. PERO VOSOTROS SOIS **INFERIORES**...
NOSOTROS... HEMOS SIDO CREADOS EN UN LABORATORIO, CON LAS MEJORES CARACTERÍSTICAS QUE NOS PERMITAN ADAPTARNOS A VUESTRO MEDIO AMBIENTE...
ASÍ QUE ESO ES LO QUE HA SUCEDIDO... ¡ESTAMOS EN NUESTRA TIERRA, PERO EN UN LEJANO FUTURO!
NUESTRO CREADOR NO PENSÓ QUE OS ENCONTRARÍA HABITANDO LA ÉPOCA QUE TRAJO DESDE EL PASADO...
¿MÁQUINAS...? SÍ... HE VENIDO POR LAS MÁQUINAS...
...ES ÚNICAMENTE UNA PARTE DE VUESTRA TIERRA, DELIMITADA POR LAS MÁQUINAS QUE HEMOS UTILIZADO...
...Y PARA ENCONTRAR A TU CREADOR...
ÉL SE LLAMA ODAKA, PERO NO ES COMO YO... ES UN HUMANO... NO SÉ NADA MÁS... YO SÓLO SOY UN MECÁNICO... NO ME HAGAS DAÑO...
¡ME ABURRE TU MIEDO!
¡AAAH!

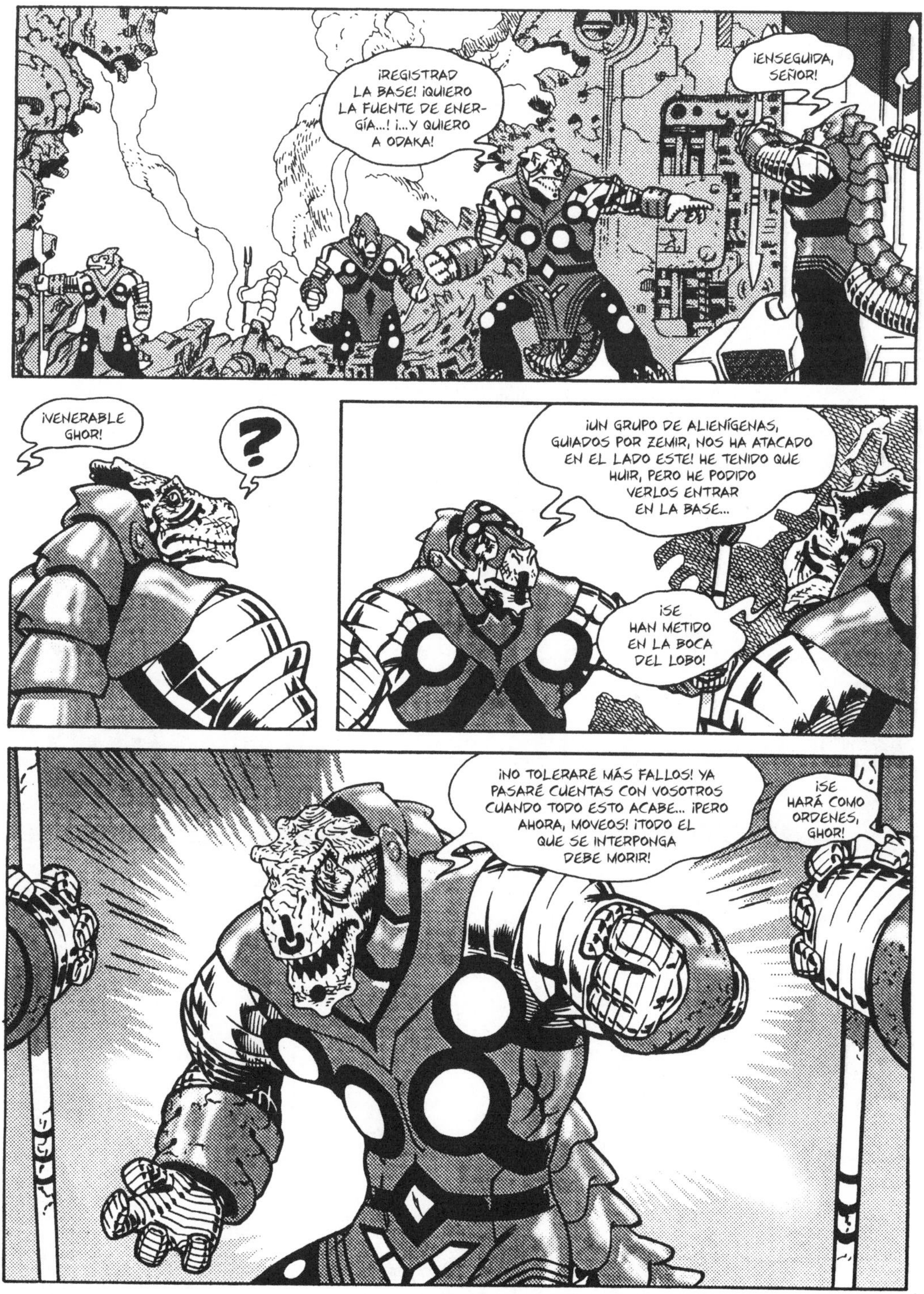
¡REGISTRAD LA BASE! ¡QUIERO LA FUENTE DE ENERGÍA...! ¡...Y QUIERO A ODAKA!
¡ENSEGUIDA, SEÑOR!
¡VENERABLE GHOR!
?
¡UN GRUPO DE ALIENÍGENAS, GUIADOS POR ZEMIR, NOS HA ATACADO EN EL LADO ESTE! HE TENIDO QUE HUIR, PERO HE PODIDO VERLOS ENTRAR EN LA BASE...
¡SE HAN METIDO EN LA BOCA DEL LOBO!
¡NO TOLERARÉ MÁS FALLOS! YA PASARÉ CUENTAS CON VOSOTROS CUANDO TODO ESTO ACABE... ¡PERO AHORA, MOVEOS! ¡TODO EL QUE SE INTERPONGA DEBE MORIR!
¡SE HARÁ COMO ORDENES, GHOR!

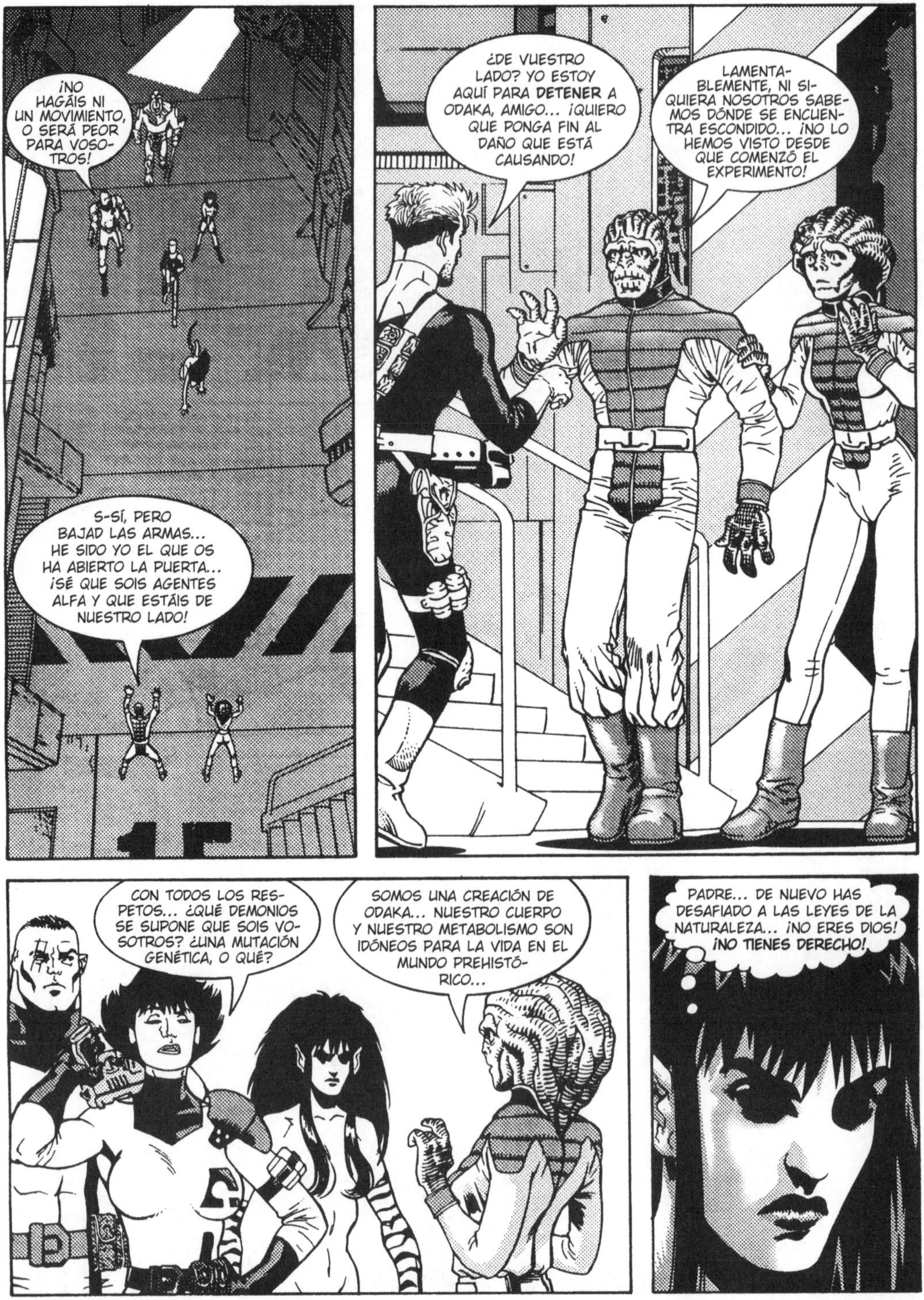
¡NO HAGÁIS NI UN MOVIMIENTO, O SERÁ PEOR PARA VOSOTROS!
S-SÍ, PERO BAJAD LAS ARMAS... HE SIDO YO EL QUE OS HA ABIERTO LA PUERTA... ¡SÉ QUE SOIS AGENTES ALFA Y QUE ESTÁIS DE NUESTRO LADO!
¿DE VUESTRO LADO? YO ESTOY AQUÍ PARA DETENER A ODAKA, AMIGO... ¡QUIERO QUE PONGA FIN AL DAÑO QUE ESTÁ CAUSANDO!
LAMENTABLEMENTE, NI SIQUIERA NOSOTROS SABEMOS DÓNDE SE ENCUENTRA ESCONDIDO... ¡NO LO HEMOS VISTO DESDE QUE COMENZÓ EL EXPERIMENTO!
CON TODOS LOS RESPETOS... ¿QUÉ DEMONIOS SE SUPONE QUE SOIS VOSOTROS? ¿UNA MUTACIÓN GENÉTICA, O QUÉ?
SOMOS UNA CREACIÓN DE ODAKA... NUESTRO CUERPO Y NUESTRO METABOLISMO SON IDÓNEOS PARA LA VIDA EN EL MUNDO PREHISTÓRICO...
PADRE... DE NUEVO HAS DESAFIADO A LAS LEYES DE LA NATURALEZA... ¡NO ERES DIOS! ¡NO TIENES DERECHO!

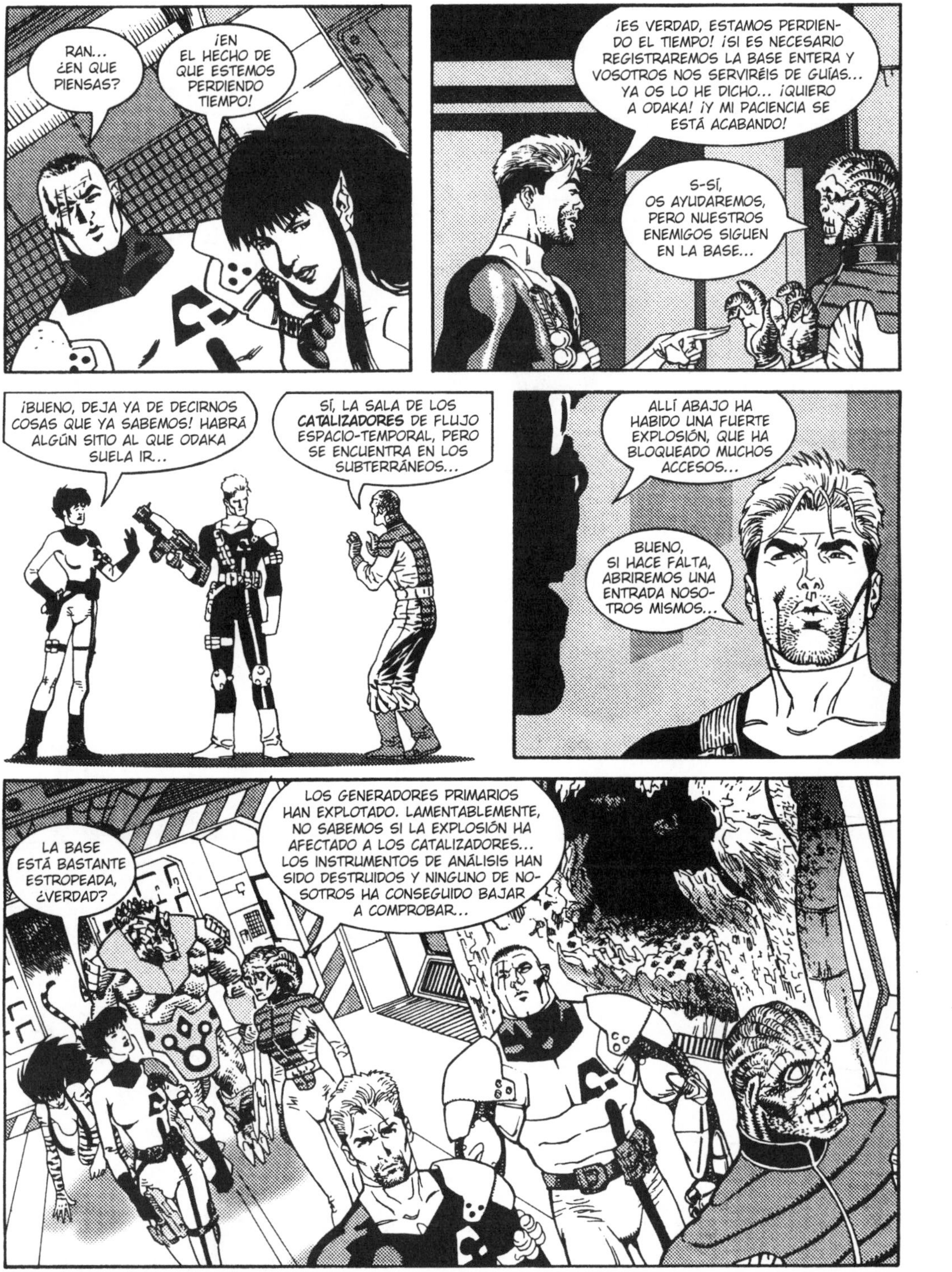
RAN... ¿EN QUE PIENSAS?
¡EN EL HECHO DE QUE ESTEMOS PERDIENDO TIEMPO!
¡ES VERDAD, ESTAMOS PERDIENDO EL TIEMPO! ¡SI ES NECESARIO REGISTRAREMOS LA BASE ENTERA Y VOSOTROS NOS SERVIRÉIS DE GUÍAS... YA OS LO HE DICHO... ¡QUIERO A ODAKA! ¡Y MI PACIENCIA SE ESTÁ ACABANDO!
S-SÍ, OS AYUDAREMOS, PERO NUESTROS ENEMIGOS SIGUEN EN LA BASE...
¡BUENO, DEJA YA DE DECIRNOS COSAS QUE YA SABEMOS! HABRÁ ALGÚN SITIO AL QUE ODAKA SUELA IR...
SÍ, LA SALA DE LOS CATALIZADORES DE FLUJO ESPACIO-TEMPORAL, PERO SE ENCUENTRA EN LOS SUBTERRÁNEOS...
ALLÍ ABAJO HA HABIDO UNA FUERTE EXPLOSIÓN, QUE HA BLOQUEADO MUCHOS ACCESOS...
BUENO, SI HACE FALTA, ABRIREMOS UNA ENTRADA NOSOTROS MISMOS...
LA BASE ESTÁ BASTANTE ESTROPEADA, ¿VERDAD?
LOS GENERADORES PRIMARIOS HAN EXPLOTADO. LAMENTABLEMENTE, NO SABEMOS SI LA EXPLOSIÓN HA AFECTADO A LOS CATALIZADORES... LOS INSTRUMENTOS DE ANÁLISIS HAN SIDO DESTRUIDOS Y NINGUNO DE NOSOTROS HA CONSEGUIDO BAJAR A COMPROBAR...

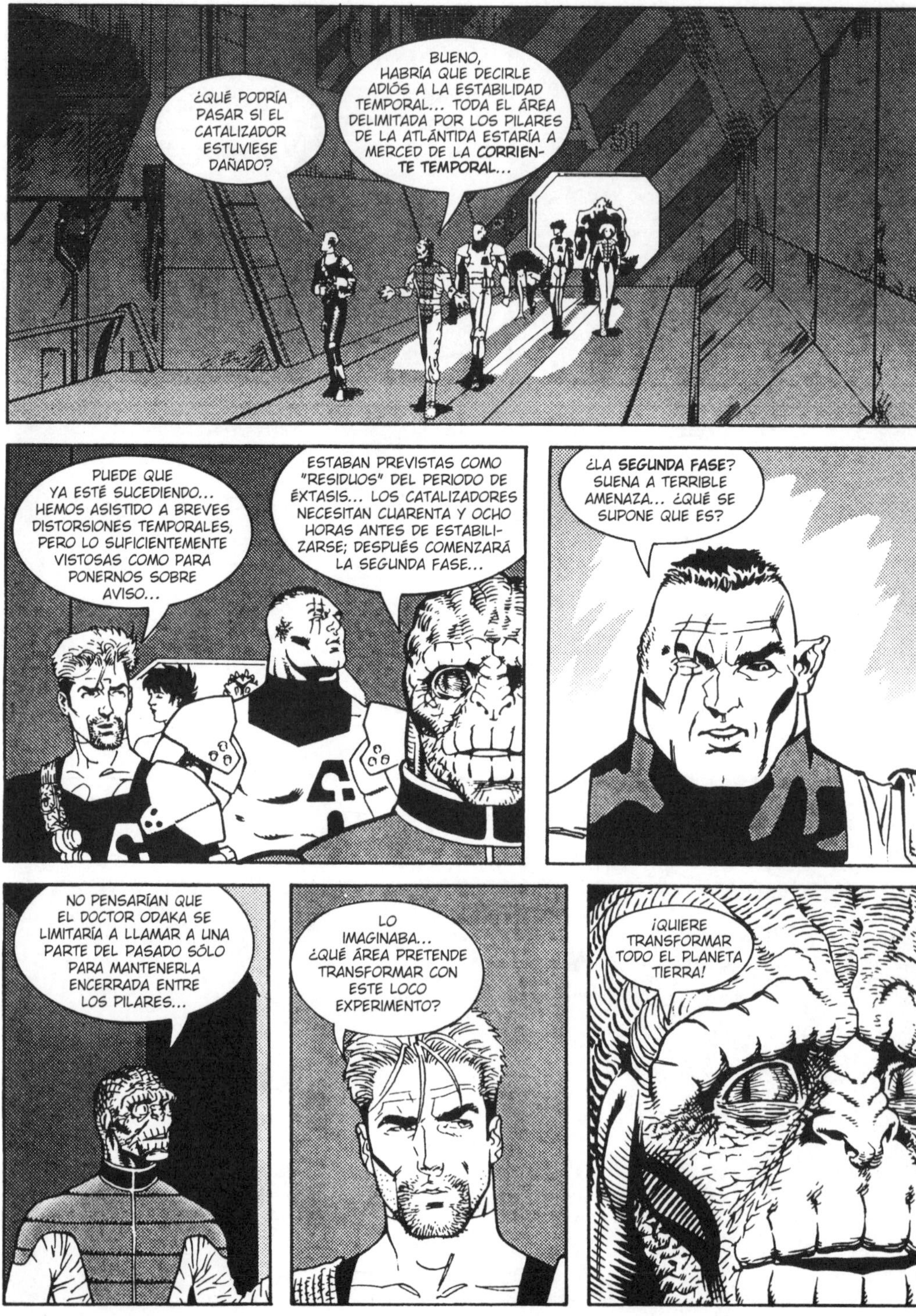
¿QUÉ PODRÍA PASAR SI EL CATALIZADOR ESTUVIESE DAÑADO?
BUENO, HABRÍA QUE DECIRLE ADIÓS A LA ESTABILIDAD TEMPORAL... TODA EL ÁREA DELIMITADA POR LOS PILARES DE LA ATLÁNTIDA ESTARÍA A MERCED DE LA **CORRIENTE TEMPORAL**...
PUEDE QUE YA ESTÉ SUCEDIENDO... HEMOS ASISTIDO A BREVES DISTORSIONES TEMPORALES, PERO LO SUFICIENTEMENTE VISTOSAS COMO PARA PONERNOS SOBRE AVISO...
ESTABAN PREVISTAS COMO "RESIDUOS" DEL PERIODO DE ÉXTASIS... LOS CATALIZADORES NECESITAN CUARENTA Y OCHO HORAS ANTES DE ESTABILIZARSE; DESPUÉS COMENZARÁ LA SEGUNDA FASE...
¿LA **SEGUNDA FASE**? SUENA A TERRIBLE AMENAZA... ¿QUÉ SE SUPONE QUE ES?
NO PENSARÍAN QUE EL DOCTOR ODAKA SE LIMITARÍA A LLAMAR A UNA PARTE DEL PASADO SÓLO PARA MANTENERLA ENCERRADA ENTRE LOS PILARES...
LO IMAGINABA... ¿QUÉ ÁREA PRETENDE TRANSFORMAR CON ESTE LOCO EXPERIMENTO?
¡QUIERE TRANSFORMAR TODO EL PLANETA TIERRA!

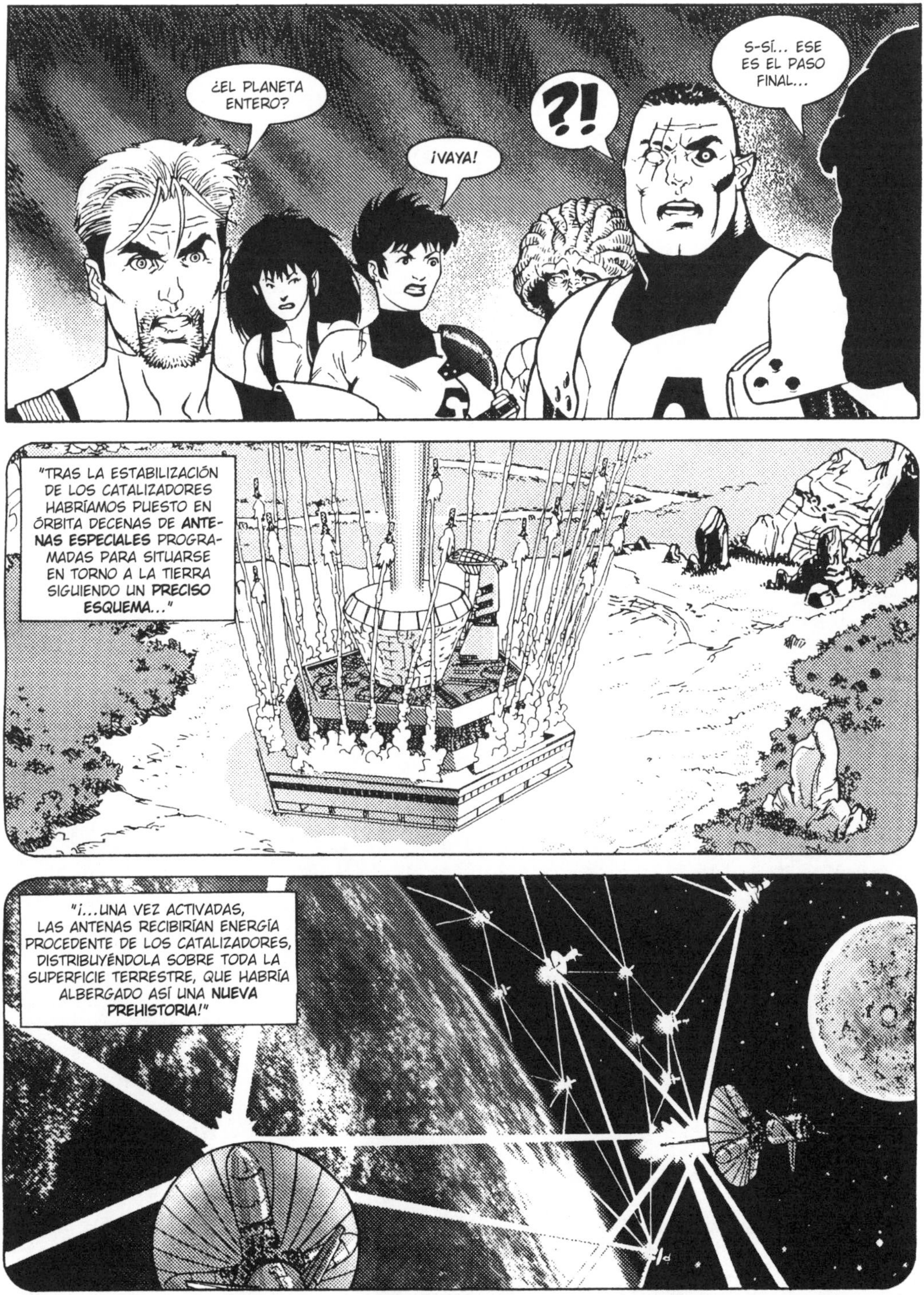
¿EL PLANETA ENTERO?
¡VAYA!
?!
S-SÍ... ESE ES EL PASO FINAL...
"TRAS LA ESTABILIZACIÓN DE LOS CATALIZADORES HABRÍAMOS PUESTO EN ÓRBITA DECENAS DE **ANTENAS ESPECIALES** PROGRAMADAS PARA SITUARSE EN TORNO A LA TIERRA SIGUIENDO UN **PRECISO ESQUEMA**..."
"¡...UNA VEZ ACTIVADAS, LAS ANTENAS RECIBIRÍAN ENERGÍA PROCEDENTE DE LOS CATALIZADORES, DISTRIBUYÉNDOLA SOBRE TODA LA SUPERFICIE TERRESTRE, QUE HABRÍA ALBERGADO ASÍ UNA **NUEVA PREHISTORIA**!"

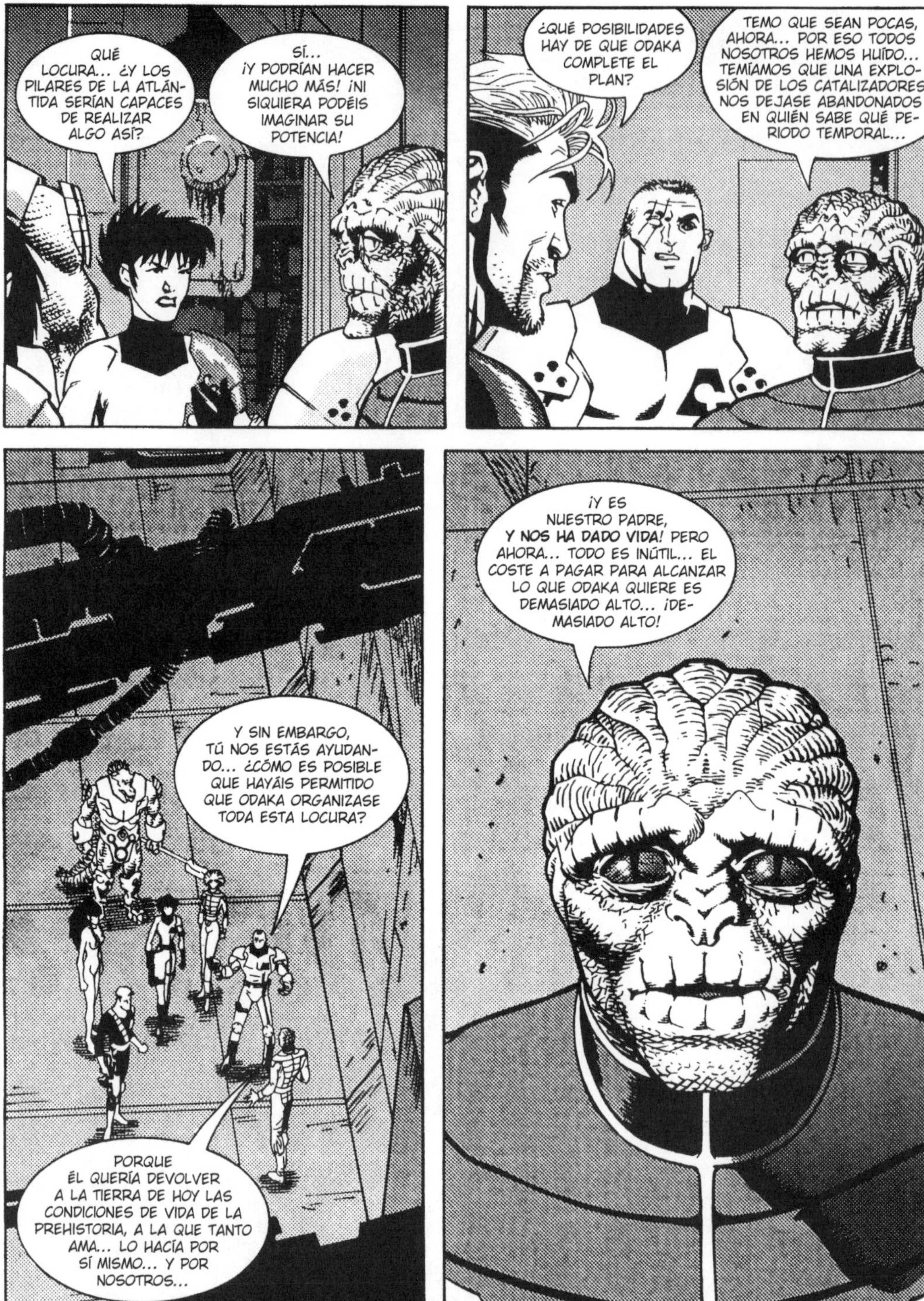
QUÉ LOCURA... ¿Y LOS PILARES DE LA ATLÁNTIDA SERÍAN CAPACES DE REALIZAR ALGO ASÍ?
SÍ... ¡Y PODRÍAN HACER MUCHO MÁS! ¡NI SIQUIERA PODÉIS IMAGINAR SU POTENCIA!
¿QUÉ POSIBILIDADES HAY DE QUE ODAKA COMPLETE EL PLAN?
TEMO QUE SEAN POCAS, AHORA... POR ESO TODOS NOSOTROS HEMOS HUÍDO... TEMÍAMOS QUE UNA EXPLOSIÓN DE LOS CATALIZADORES NOS DEJASE ABANDONADOS EN QUIÉN SABE QUÉ PERIODO TEMPORAL...
Y SIN EMBARGO, TÚ NOS ESTÁS AYUDANDO... ¿CÓMO ES POSIBLE QUE HAYÁIS PERMITIDO QUE ODAKA ORGANIZASE TODA ESTA LOCURA?
PORQUE ÉL QUERÍA DEVOLVER A LA TIERRA DE HOY LAS CONDICIONES DE VIDA DE LA PREHISTORIA, A LA QUE TANTO AMA... LO HACÍA POR SÍ MISMO... Y POR NOSOTROS...
¡Y ES NUESTRO PADRE, **Y NOS HA DADO VIDA**! PERO AHORA... TODO ES INÚTIL... EL COSTE A PAGAR PARA ALCANZAR LO QUE ODAKA QUIERE ES DEMASIADO ALTO... ¡DEMASIADO ALTO!

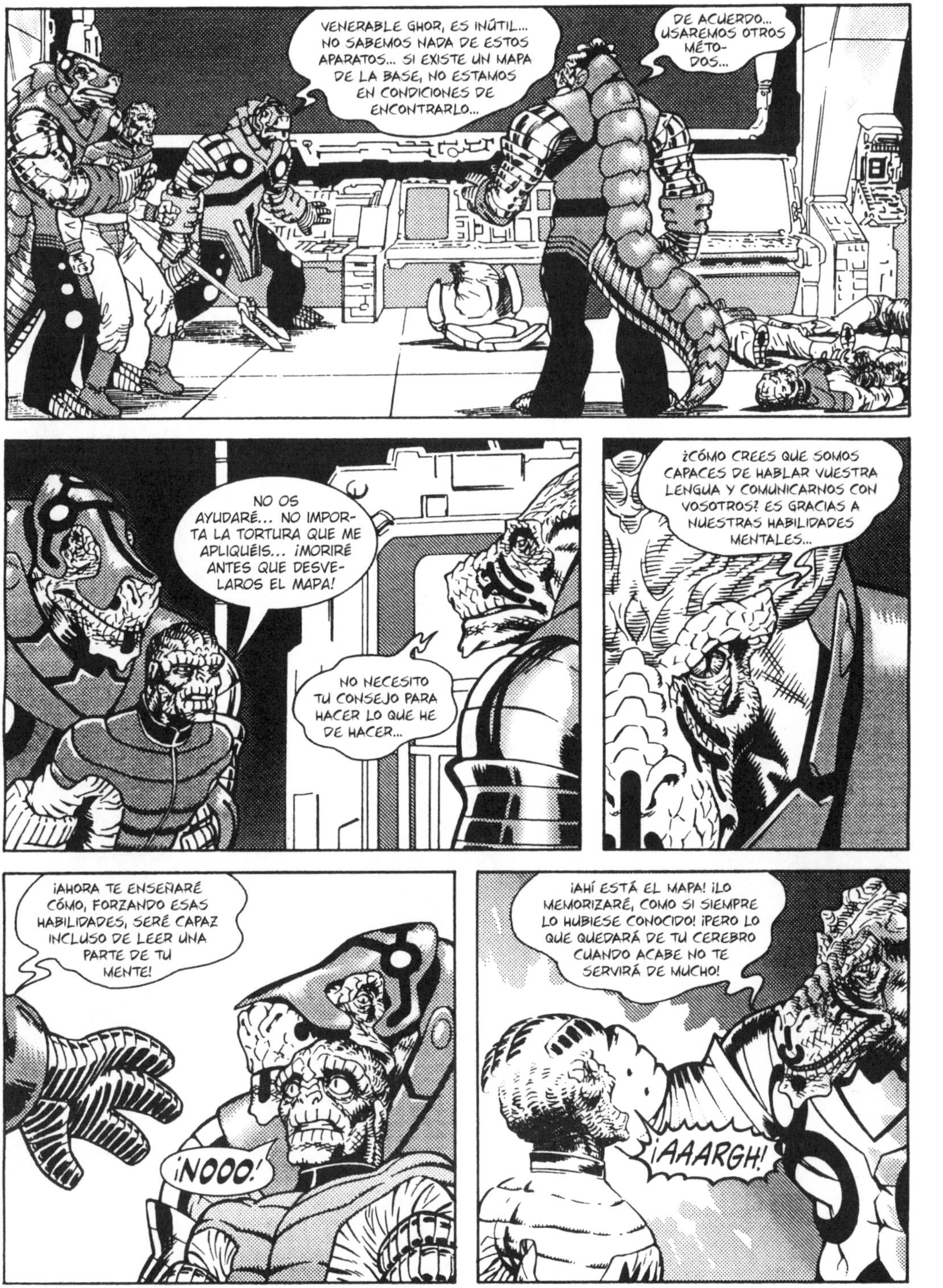
VENERABLE GHOR, ES INÚTIL... NO SABEMOS NADA DE ESTOS APARATOS... SI EXISTE UN MAPA DE LA BASE, NO ESTAMOS EN CONDICIONES DE ENCONTRARLO...
DE ACUERDO... USAREMOS OTROS MÉTO-DOS...
NO OS AYUDARÉ... NO IMPORTA LA TORTURA QUE ME APLIQUÉIS... ¡MORIRÉ ANTES QUE DESVELAROS EL MAPA!
NO NECESITO TU CONSEJO PARA HACER LO QUE HE DE HACER...
¿CÓMO CREES QUE SOMOS CAPACES DE HABLAR VUESTRA LENGUA Y COMUNICARNOS CON VOSOTROS? ES GRACIAS A NUESTRAS HABILIDADES MENTALES...
¡AHORA TE ENSEÑARÉ CÓMO, FORZANDO ESAS HABILIDADES, SERÉ CAPAZ INCLUSO DE LEER UNA PARTE DE TU MENTE!
¡NOOO!
¡AHÍ ESTÁ EL MAPA! ¡LO MEMORIZARÉ, COMO SI SIEMPRE LO HUBIESE CONOCIDO! ¡PERO LO QUE QUEDARÁ DE TU CEREBRO CUANDO ACABE NO TE SERVIRÁ DE MUCHO!
¡AAARGH!

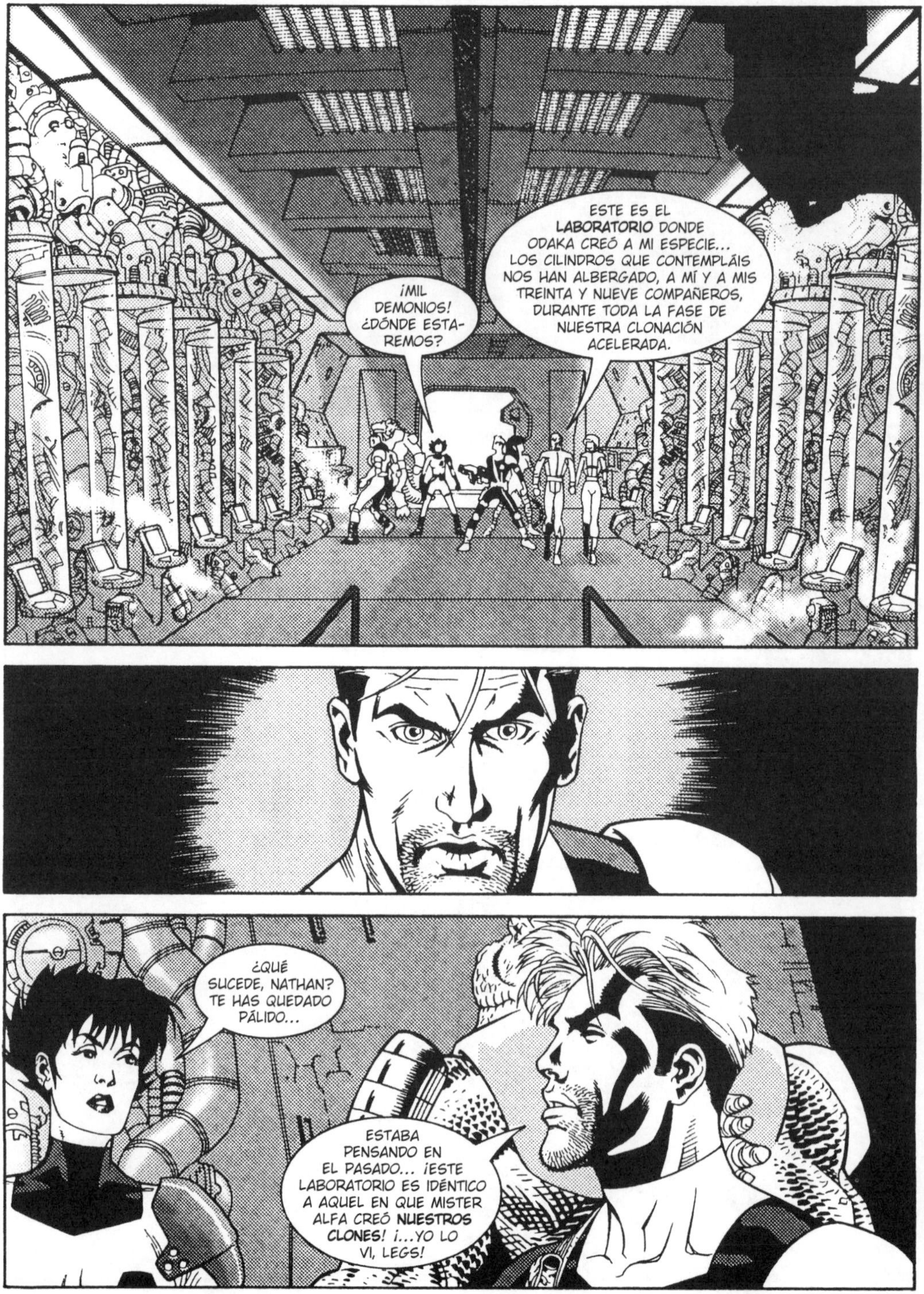
¡MIL DEMONIOS! ¿DÓNDE ESTAREMOS?
ESTE ES EL **LABORATORIO** DONDE ODAKA CREÓ A MI ESPECIE... LOS CILINDROS QUE CONTEMPLÁIS NOS HAN ALBERGADO, A MÍ Y A MIS TREINTA Y NUEVE COMPAÑEROS, DURANTE TODA LA FASE DE NUESTRA CLONACIÓN ACELERADA.
¿QUÉ SUCEDE, NATHAN? TE HAS QUEDADO PÁLIDO...
ESTABA PENSANDO EN EL PASADO... ¡ESTE LABORATORIO ES IDÉNTICO A AQUEL EN QUE MISTER ALFA CREÓ **NUESTROS CLONES!** ¡...YO LO VI, LEGS!

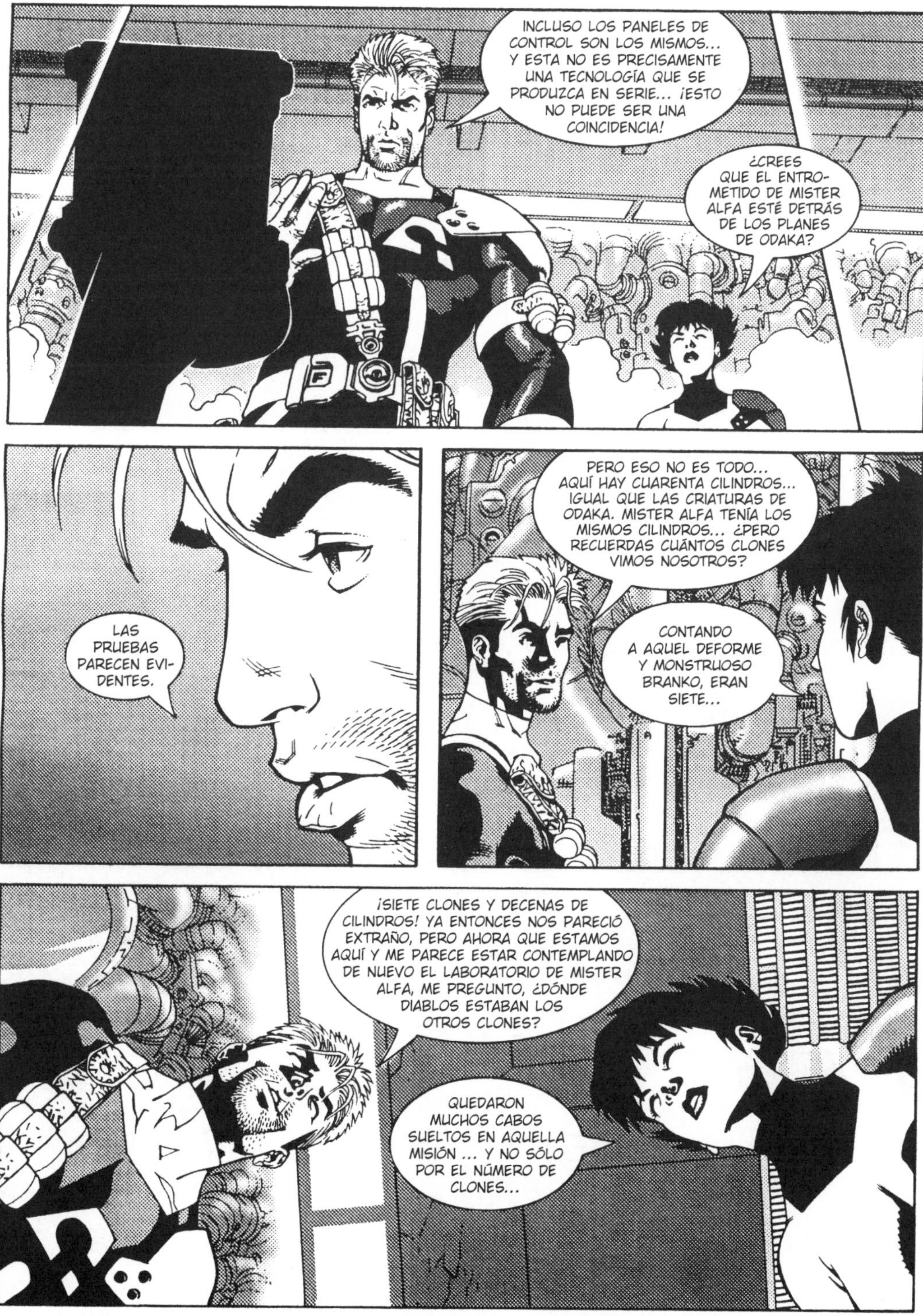
INCLUSO LOS PANELES DE CONTROL SON LOS MISMOS... Y ESTA NO ES PRECISAMENTE UNA TECNOLOGÍA QUE SE PRODUZCA EN SERIE... ¡ESTO NO PUEDE SER UNA COINCIDENCIA!
¿CREES QUE EL ENTROMETIDO DE MISTER ALFA ESTÉ DETRÁS DE LOS PLANES DE ODAKA?
LAS PRUEBAS PARECEN EVIDENTES.
PERO ESO NO ES TODO... AQUÍ HAY CUARENTA CILINDROS... IGUAL QUE LAS CRIATURAS DE ODAKA. MISTER ALFA TENÍA LOS MISMOS CILINDROS... ¿PERO RECUERDAS CUÁNTOS CLONES VIMOS NOSOTROS?
CONTANDO A AQUEL DEFORME Y MONSTRUOSO BRANKO, ERAN SIETE...
¡SIETE CLONES Y DECENAS DE CILINDROS! YA ENTONCES NOS PARECIÓ EXTRAÑO, PERO AHORA QUE ESTAMOS AQUÍ Y ME PARECE ESTAR CONTEMPLANDO DE NUEVO EL LABORATORIO DE MISTER ALFA, ME PREGUNTO, ¿DÓNDE DIABLOS ESTABAN LOS OTROS CLONES?
QUEDARON MUCHOS CABOS SUELTOS EN AQUELLA MISIÓN ... Y NO SÓLO POR EL NÚMERO DE CLONES...

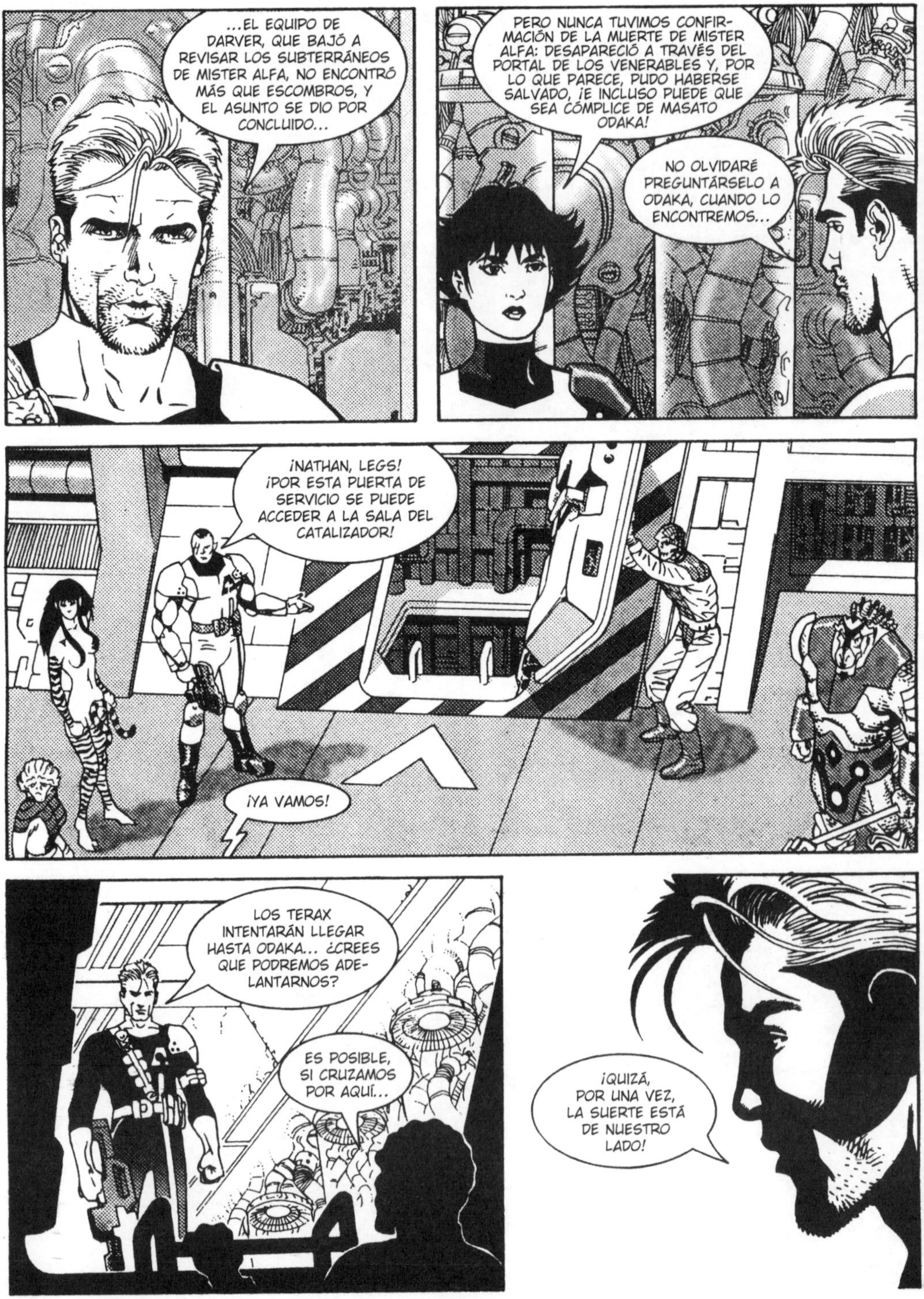
...EL EQUIPO DE DARVER, QUE BAJÓ A REVISAR LOS SUBTERRÁNEOS DE MISTER ALFA, NO ENCONTRÓ MÁS QUE ESCOMBROS, Y EL ASUNTO SE DIO POR CONCLUIDO...
PERO NUNCA TUVIMOS CONFIRMACIÓN DE LA MUERTE DE MISTER ALFA: DESAPARECIÓ A TRAVÉS DEL PORTAL DE LOS VENERABLES Y, POR LO QUE PARECE, PUDO HABERSE SALVADO, ¡E INCLUSO PUEDE QUE SEA CÓMPLICE DE MASATO ODAKA!
NO OLVIDARÉ PREGUNTÁRSELO A ODAKA, CUANDO LO ENCONTREMOS...
¡NATHAN, LEGS! ¡POR ESTA PUERTA DE SERVICIO SE PUEDE ACCEDER A LA SALA DEL CATALIZADOR!
¡YA VAMOS!
LOS TERAX INTENTARÁN LLEGAR HASTA ODAKA... ¿CREES QUE PODREMOS ADELANTARNOS?
ES POSIBLE, SI CRUZAMOS POR AQUÍ...
¡QUIZÁ, POR UNA VEZ, LA SUERTE ESTÁ DE NUESTRO LADO!

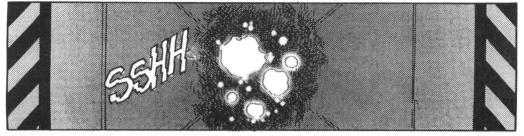

¡ES AQUÍ!

AHÍ ESTÁ NUESTRO PRO-BLEMA...

"¡...EL CATALIZADOR TEMPORAL!"

¡MALDITA SEA! NO PARECE ESTAR EN BUENAS CONDICIONES... MANTENEOS A UNA DISTANCIA PRUDENCIAL... YA HEMOS VISTO LO QUE SUCEDE CUANDO EMITE RESIDUOS TEMPORALES...

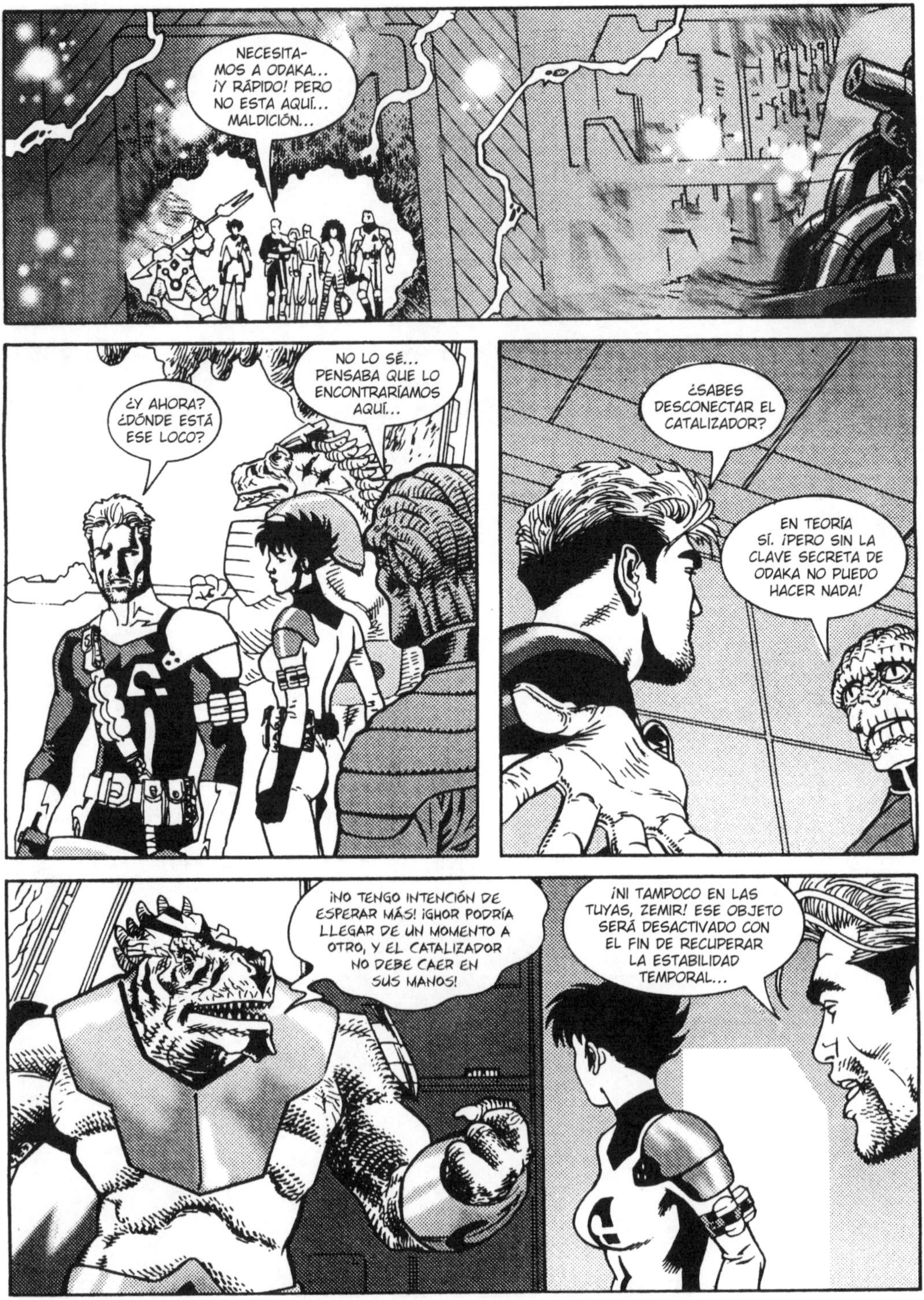
NECESITAMOS A ODAKA... ¡Y RÁPIDO! PERO NO ESTA AQUÍ... MALDICIÓN...
¿Y AHORA? ¿DÓNDE ESTÁ ESE LOCO?
NO LO SÉ... PENSABA QUE LO ENCONTRARÍAMOS AQUÍ...
¿SABES DESCONECTAR EL CATALIZADOR?
EN TEORÍA SÍ. ¡PERO SIN LA CLAVE SECRETA DE ODAKA NO PUEDO HACER NADA!
¡NO TENGO INTENCIÓN DE ESPERAR MÁS! ¡GHOR PODRÍA LLEGAR DE UN MOMENTO A OTRO, Y EL CATALIZADOR NO DEBE CAER EN SUS MANOS!
¡NI TAMPOCO EN LAS TUYAS, ZEMIR! ESE OBJETO SERÁ DESACTIVADO CON EL FIN DE RECUPERAR LA ESTABILIDAD TEMPORAL...

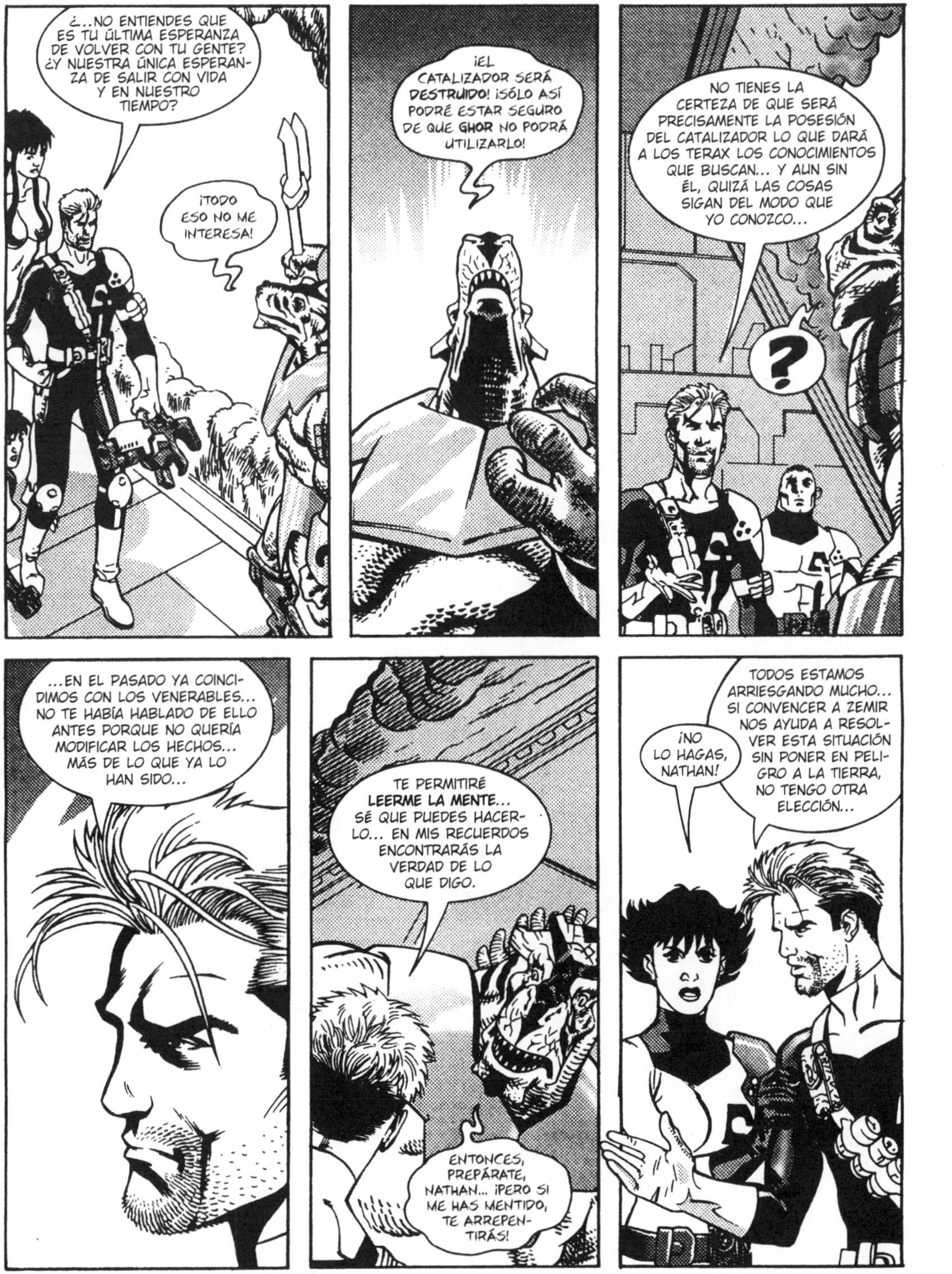
¿...NO ENTIENDES QUE ES TU ÚLTIMA ESPERANZA DE VOLVER CON TU GENTE? ¿Y NUESTRA ÚNICA ESPERANZA DE SALIR CON VIDA Y EN NUESTRO TIEMPO?
¡TODO ESO NO ME INTERESA!
¡EL CATALIZADOR SERÁ DESTRUIDO! ¡SÓLO ASÍ PODRÉ ESTAR SEGURO DE QUE GHOR NO PODRÁ UTILIZARLO!
NO TIENES LA CERTEZA DE QUE SERÁ PRECISAMENTE LA POSESIÓN DEL CATALIZADOR LO QUE DARÁ A LOS TERAX LOS CONOCIMIENTOS QUE BUSCAN... Y AUN SIN ÉL, QUIZÁ LAS COSAS SIGAN DEL MODO QUE YO CONOZCO...
?
...EN EL PASADO YA COINCIDIMOS CON LOS VENERABLES... NO TE HABÍA HABLADO DE ELLO ANTES PORQUE NO QUERÍA MODIFICAR LOS HECHOS... MÁS DE LO QUE YA LO HAN SIDO...
TE PERMITIRÉ LEERME LA MENTE... SÉ QUE PUEDES HACERLO... EN MIS RECUERDOS ENCONTRARÁS LA VERDAD DE LO QUE DIGO.
ENTONCES, PREPÁRATE, NATHAN... ¡PERO SI ME HAS MENTIDO, TE ARREPENTIRÁS!
TODOS ESTAMOS ARRIESGANDO MUCHO... SI CONVENCER A ZEMIR NOS AYUDA A RESOLVER ESTA SITUACIÓN SIN PONER EN PELIGRO A LA TIERRA, NO TENGO OTRA ELECCIÓN...
¡NO LO HAGAS, NATHAN!

¡ABRE TU MENTE, NATHAN! ¡MUÉSTRAME TUS RECUERDOS!

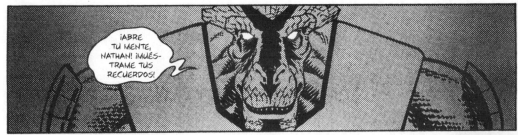

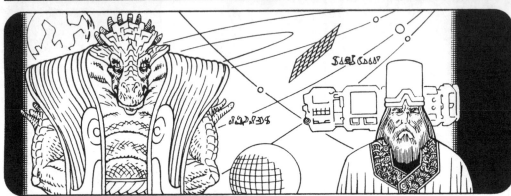

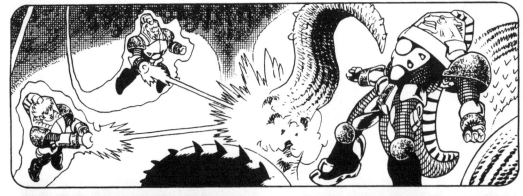

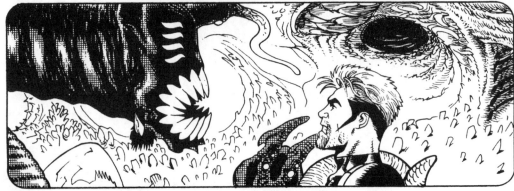

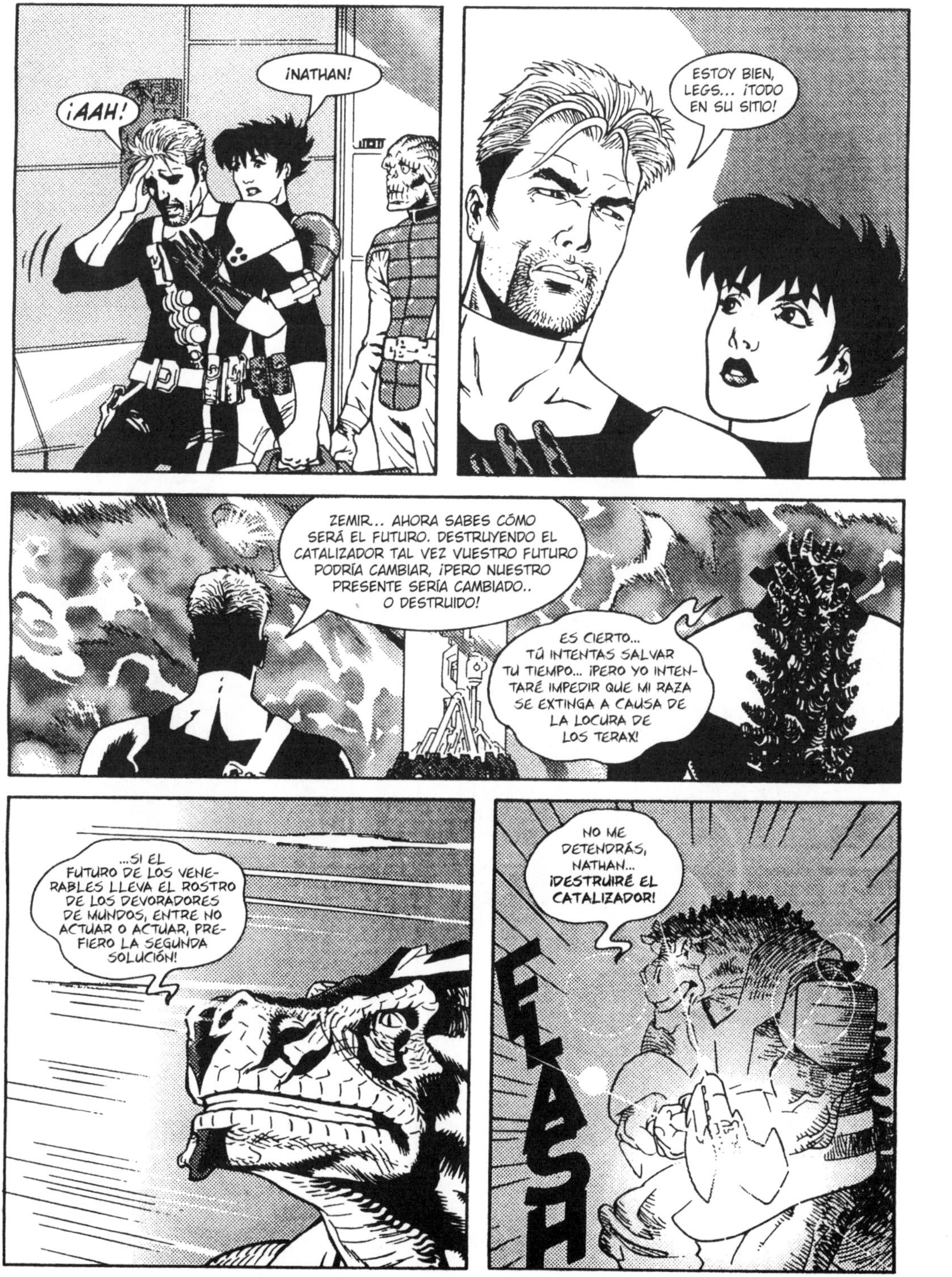

¡AAH!
¡NATHAN!
ESTOY BIEN, LEGS... ¡TODO EN SU SITIO!
ZEMIR... AHORA SABES CÓMO SERÁ EL FUTURO. DESTRUYENDO EL CATALIZADOR TAL VEZ VUESTRO FUTURO PODRÍA CAMBIAR, ¡PERO NUESTRO PRESENTE SERÍA CAMBIADO.. O DESTRUIDO!
ES CIERTO... TÚ INTENTAS SALVAR TU TIEMPO... ¡PERO YO INTENTARÉ IMPEDIR QUE MI RAZA SE EXTINGA A CAUSA DE LA LOCURA DE LOS TERAX!
...SI EL FUTURO DE LOS VENERABLES LLEVA EL ROSTRO DE LOS DEVORADORES DE MUNDOS, ENTRE NO ACTUAR O ACTUAR, PREFIERO LA SEGUNDA SOLUCIÓN!
NO ME DETENDRÁS, NATHAN... ¡DESTRUIRÉ EL CATALIZADOR!
FLASH

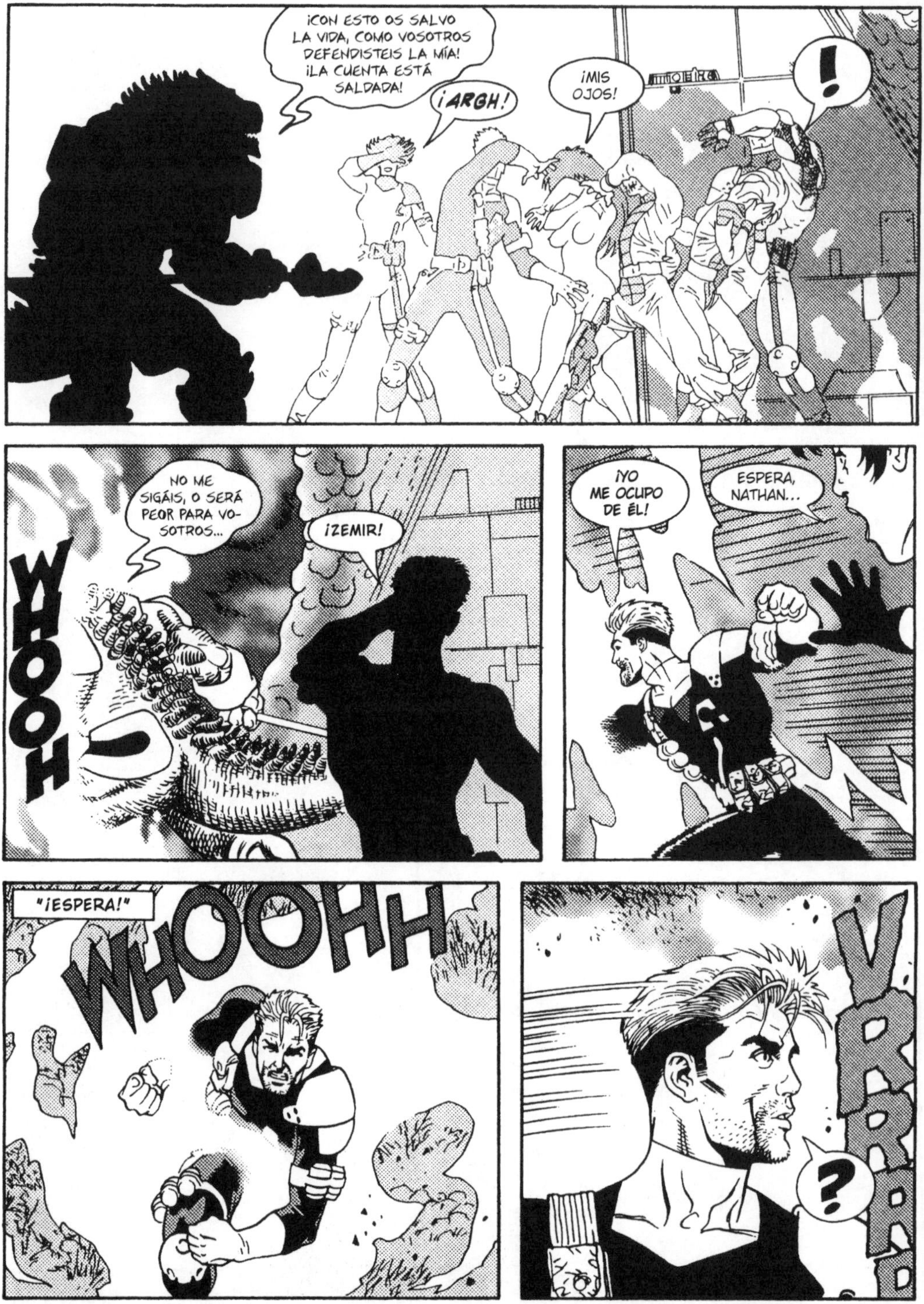
¡CON ESTO OS SALVO LA VIDA, COMO VOSOTROS DEFENDISTEIS LA MÍA! ¡LA CUENTA ESTÁ SALDADA!
¡ARGH!
¡MIS OJOS!
!
NO ME SIGÁIS, O SERÁ PEOR PARA VOSOTROS...
¡ZEMIR!
WHOOH
¡YO ME OCUPO DE ÉL!
ESPERA, NATHAN...
"¡ESPERA!"
WHOOHH
?
VRRRD

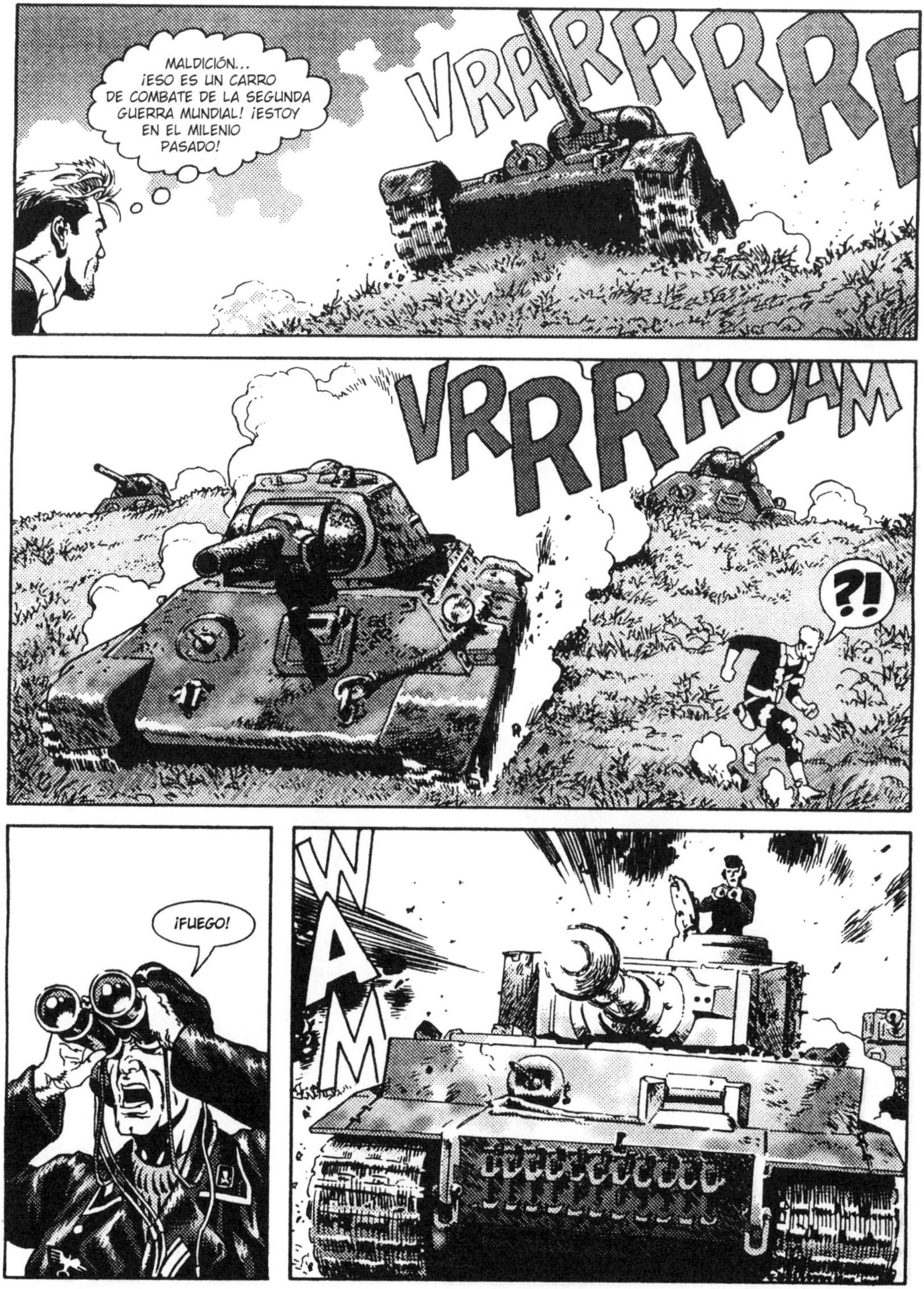
MALDICIÓN... ¡ESO ES UN CARRO DE COMBATE DE LA SEGUNDA GUERRA MUNDIAL! ¡ESTOY EN EL MILENIO PASADO!
VRRRRRRRR
VRRRROAM
?!
¡FUEGO!
WAMM

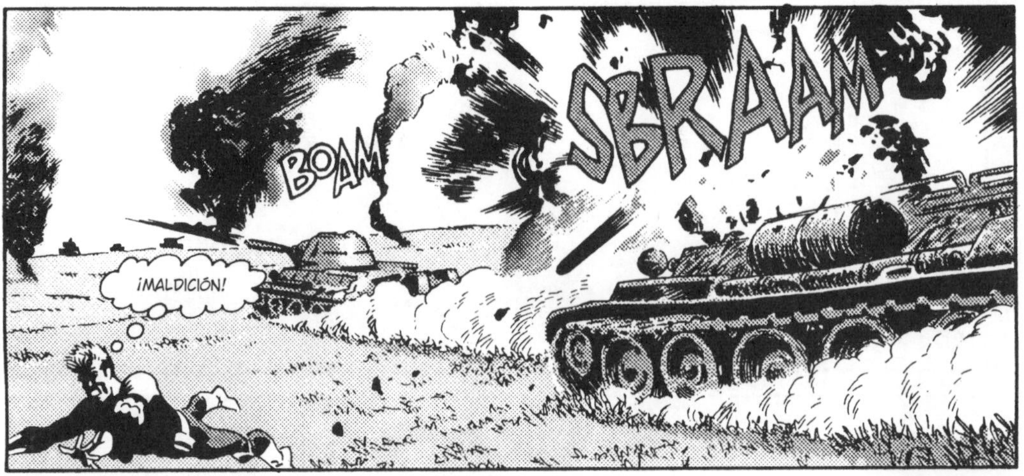
BOAM
SBRAAM
¡MALDICIÓN!

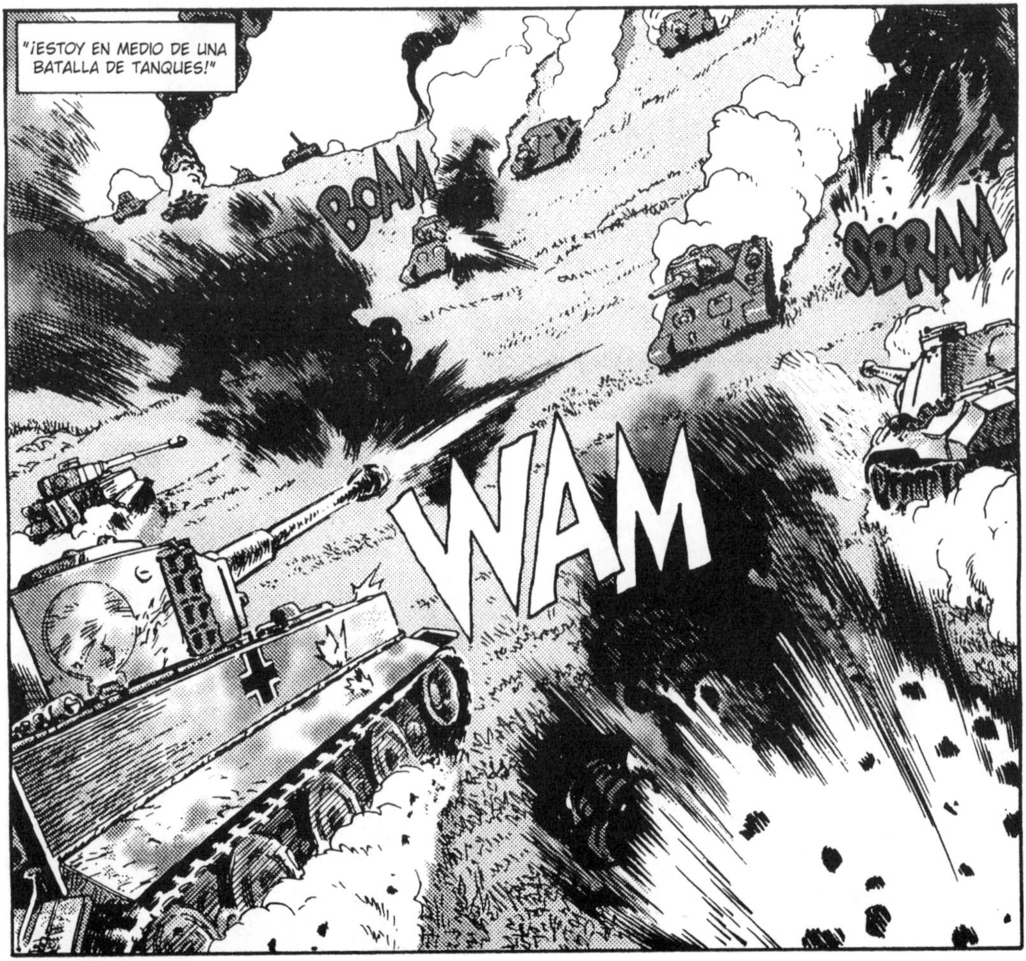
"¡ESTOY EN MEDIO DE UNA BATALLA DE TANQUES!"
BOAM
SBRAM
WAM

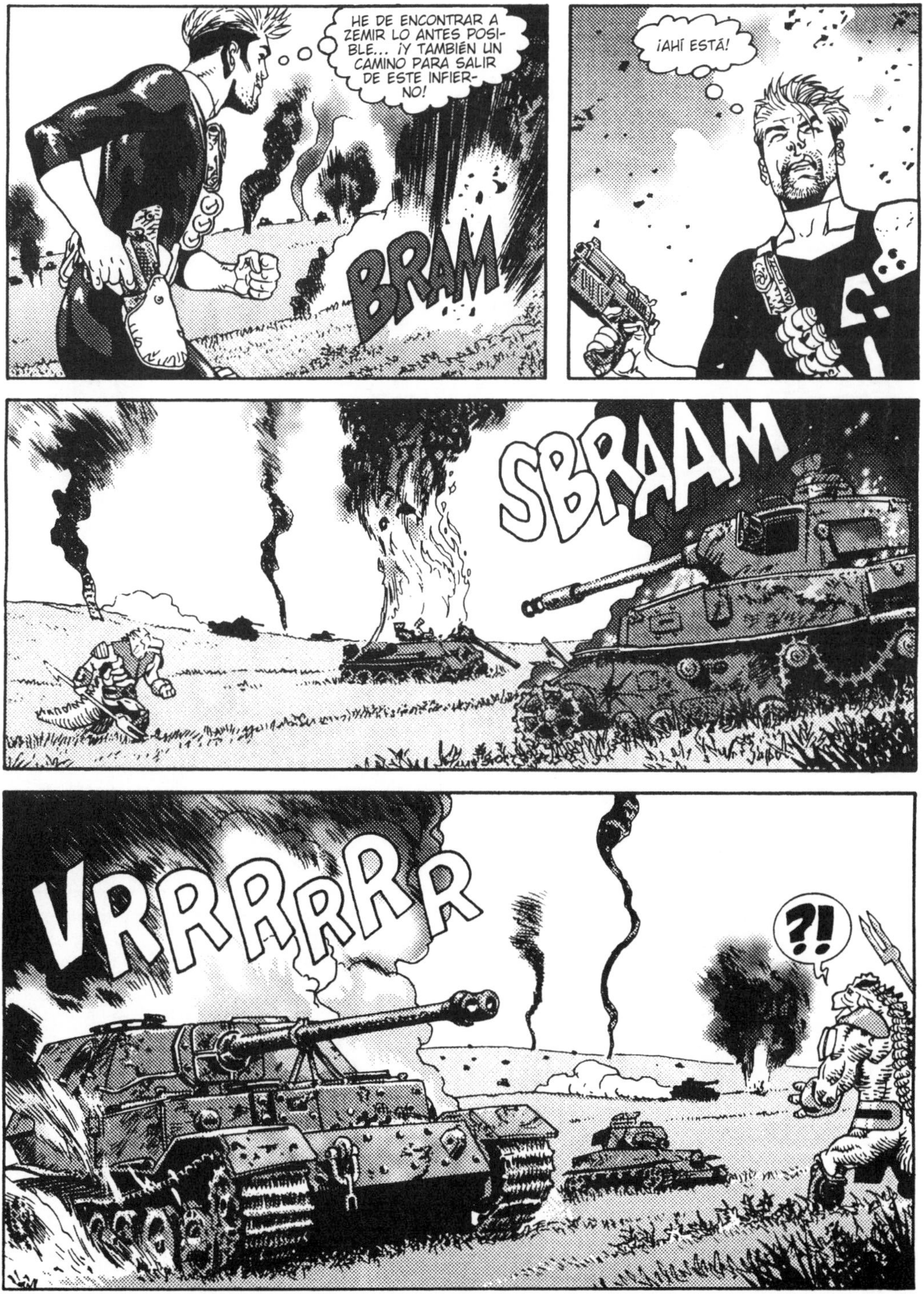
HE DE ENCONTRAR A ZEMIR LO ANTES POSIBLE... ¡Y TAMBIÉN UN CAMINO PARA SALIR DE ESTE INFIERNO!
BRAM
¡AHÍ ESTÁ!
SBRAAM
VRRRRRR
?!

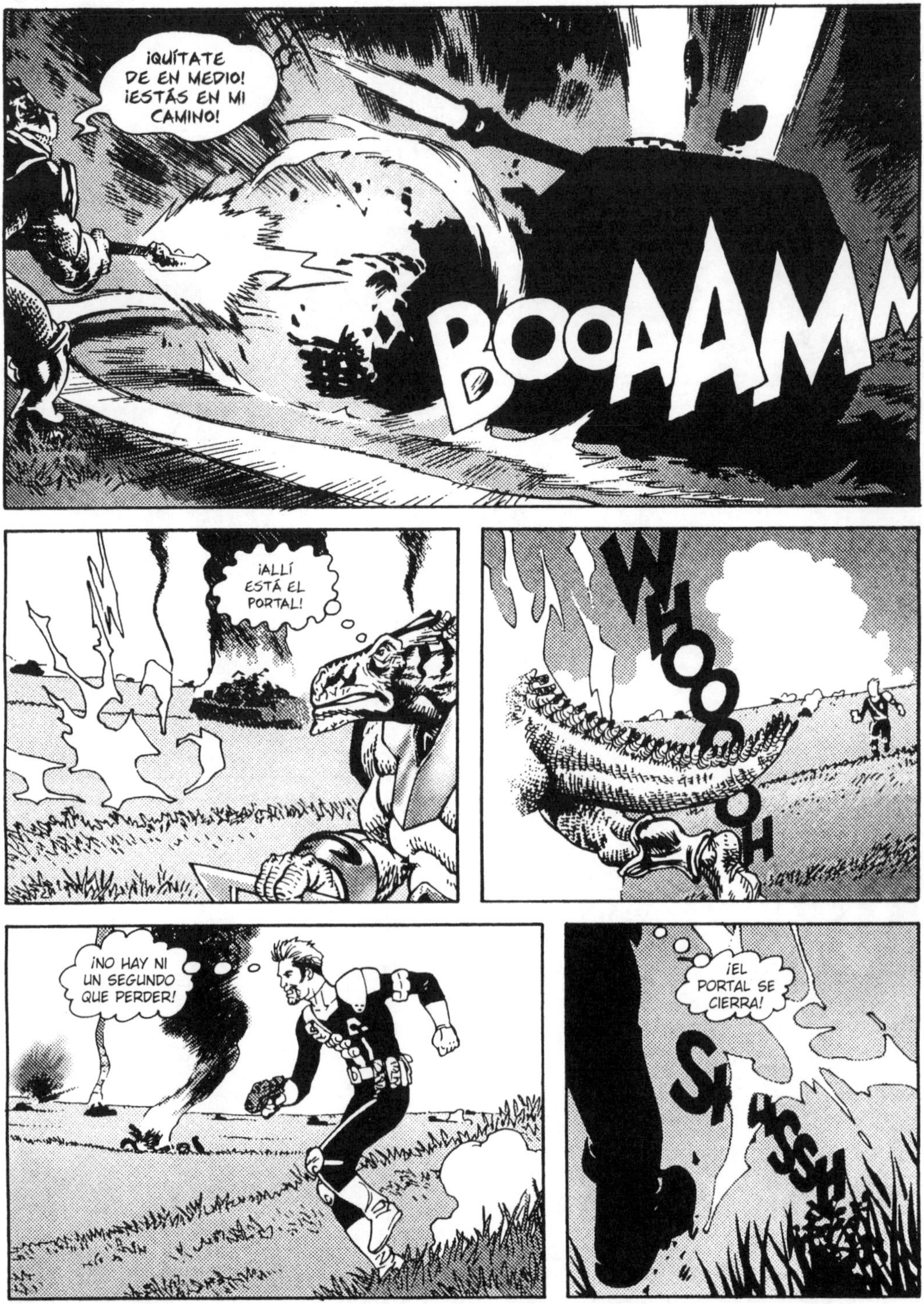
¡QUÍTATE DE EN MEDIO! ¡ESTÁS EN MI CAMINO!
BOOAAMM
¡ALLÍ ESTÁ EL PORTAL!
WHOOOOOH
¡NO HAY NI UN SEGUNDO QUE PERDER!
¡EL PORTAL SE CIERRA!
SHHSSH

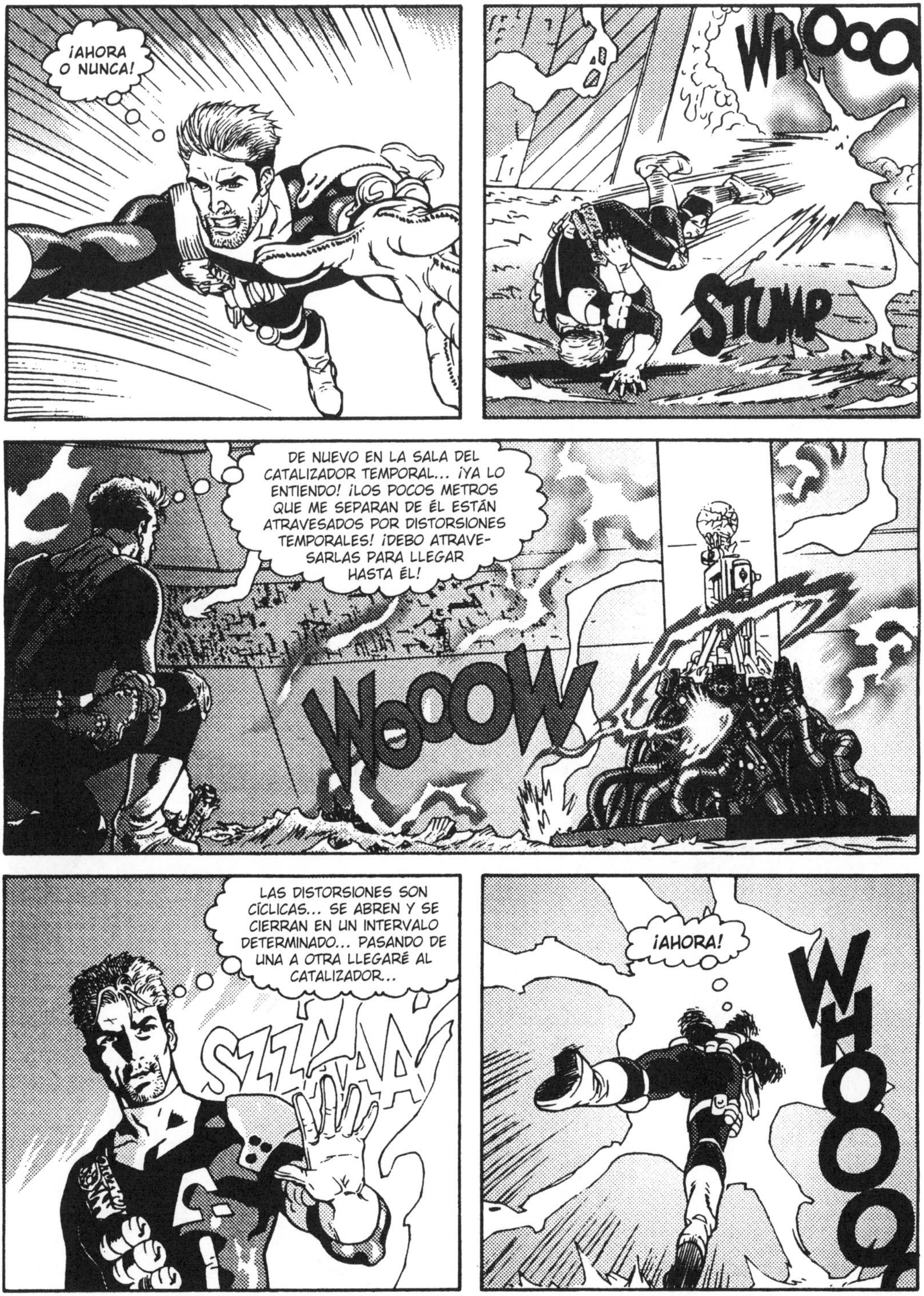
¡AHORA O NUNCA!
WHOOOO
STUMP
DE NUEVO EN LA SALA DEL CATALIZADOR TEMPORAL... ¡YA LO ENTIENDO! ¡LOS POCOS METROS QUE ME SEPARAN DE ÉL ESTÁN ATRAVESADOS POR DISTORSIONES TEMPORALES! ¡DEBO ATRAVE-SARLAS PARA LLEGAR HASTA ÉL!
WOOOW
LAS DISTORSIONES SON CÍCLICAS... SE ABREN Y SE CIERRAN EN UN INTERVALO DETERMINADO... PASANDO DE UNA A OTRA LLEGARÉ AL CATALIZADOR...
SZZZAAA
¡AHORA!
WHOOO

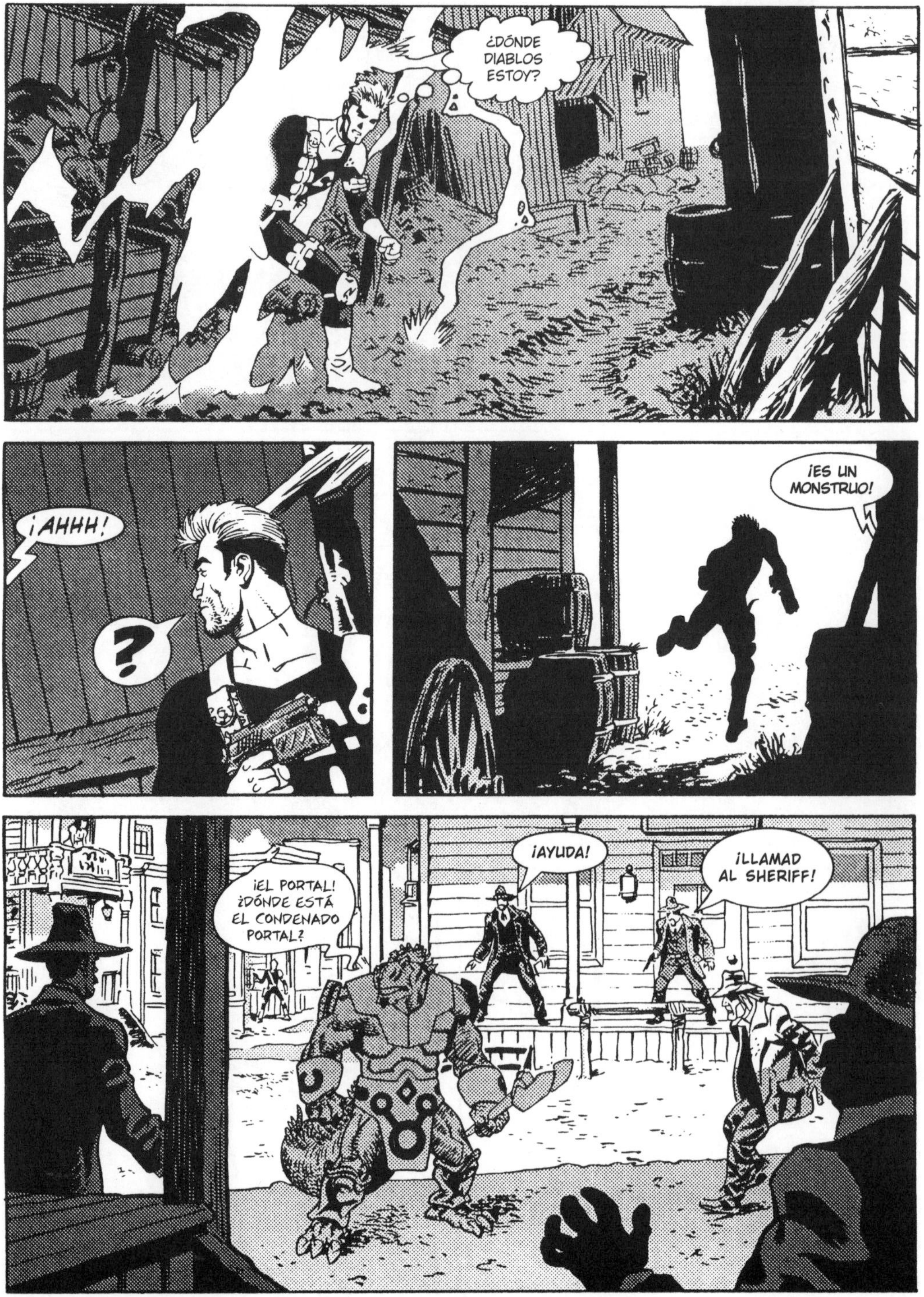
¿DÓNDE DIABLOS ESTOY?
¡AHHH!
?
¡ES UN MONSTRUO!
¡EL PORTAL! ¿DÓNDE ESTÁ EL CONDENADO PORTAL?
¡AYUDA!
¡LLAMAD AL SHERIFF!

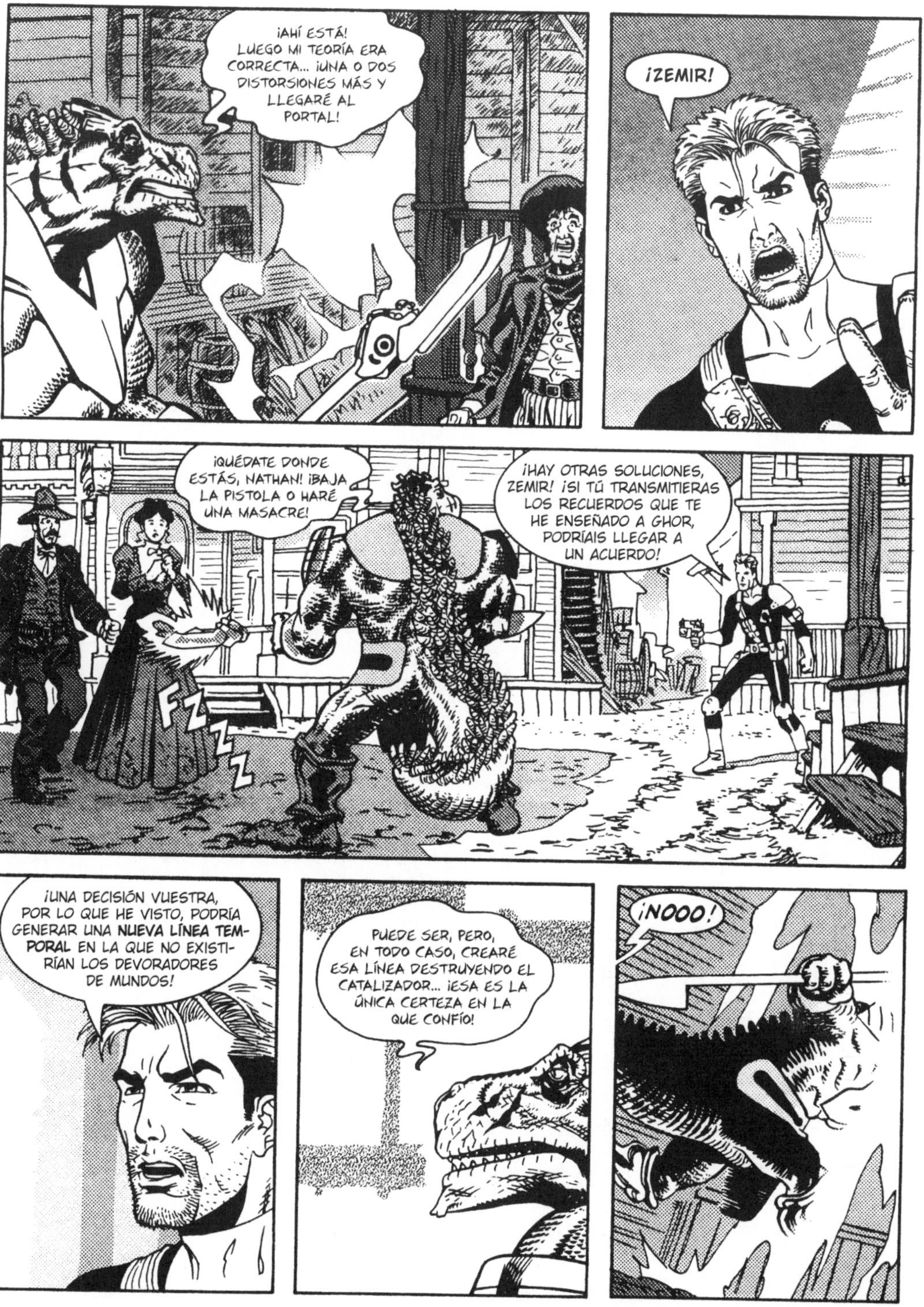
¡AHÍ ESTÁ! LUEGO MI TEORÍA ERA CORRECTA... ¡UNA O DOS DISTORSIONES MÁS Y LLEGARÉ AL PORTAL!
¡ZEMIR!
¡QUÉDATE DONDE ESTÁS, NATHAN! ¡BAJA LA PISTOLA O HARÉ UNA MASACRE!
¡HAY OTRAS SOLUCIONES, ZEMIR! ¡SI TÚ TRANSMITIERAS LOS RECUERDOS QUE TE HE ENSEÑADO A GHOR, PODRÍAIS LLEGAR A UN ACUERDO!
FZZZZ
¡UNA DECISIÓN VUESTRA, POR LO QUE HE VISTO, PODRÍA GENERAR UNA **NUEVA LÍNEA TEMPORAL** EN LA QUE NO EXISTIRÍAN LOS DEVORADORES DE MUNDOS!
PUEDE SER, PERO, EN TODO CASO, CREARÉ ESA LÍNEA DESTRUYENDO EL CATALIZADOR... ¡ESA ES LA ÚNICA CERTEZA EN LA QUE CONFÍO!
¡NOOO!

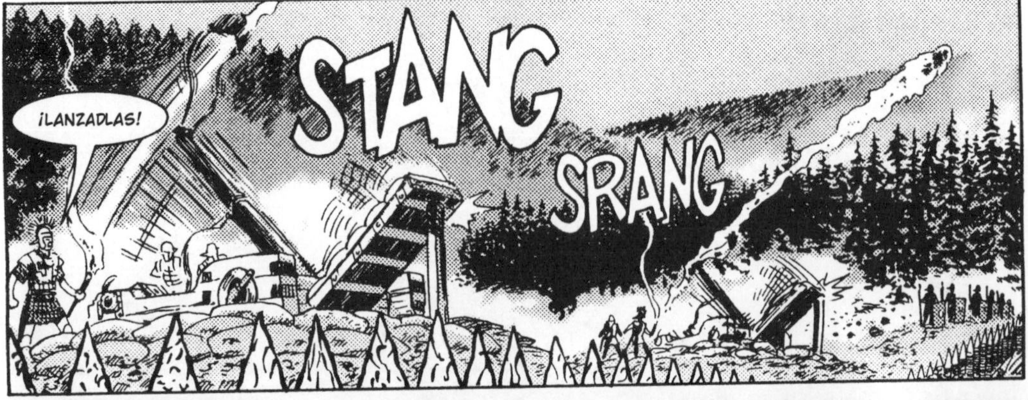
¡LANZADLAS!
STANG
SRANG

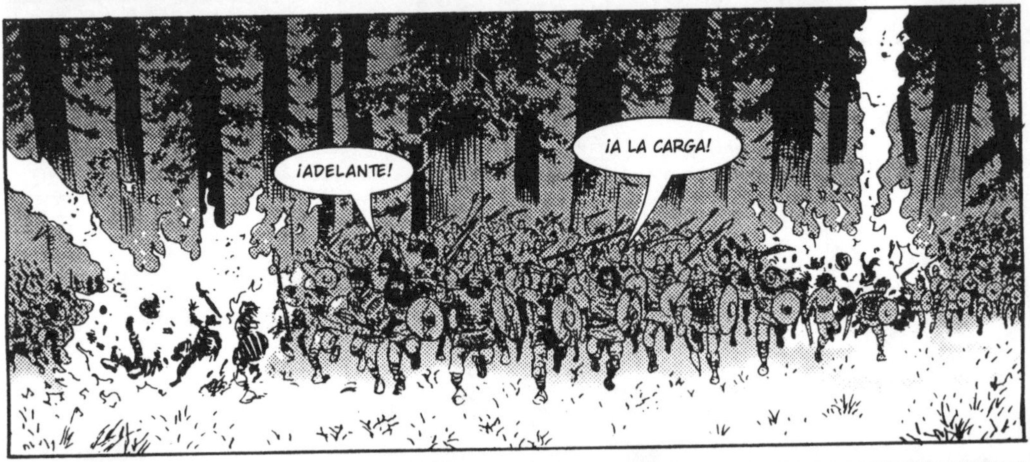
¡ADELANTE!
¡A LA CARGA!

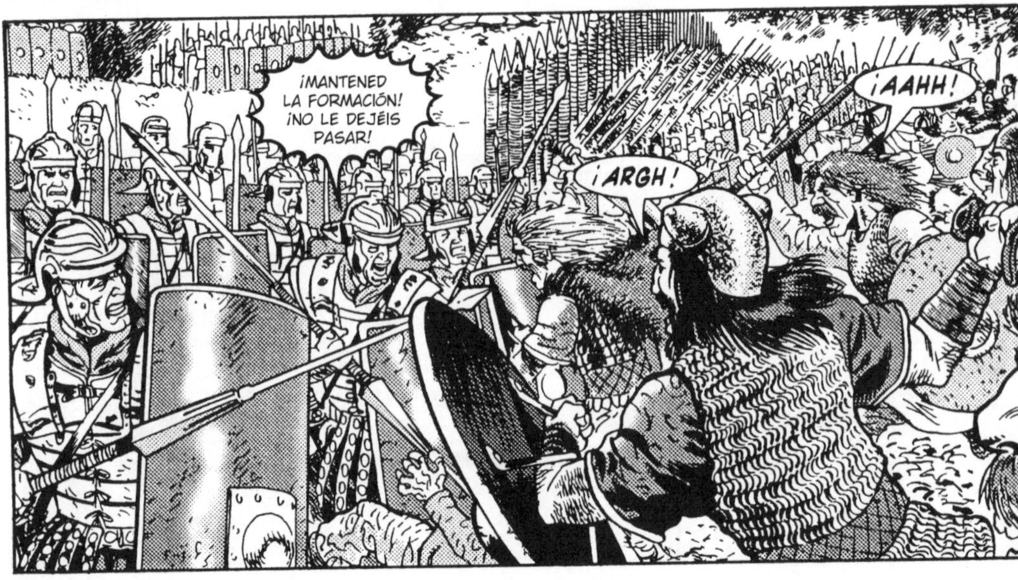
¡MANTENED LA FORMACIÓN! ¡NO LE DEJÉIS PASAR!
¡AAHH!
¡ARGH!

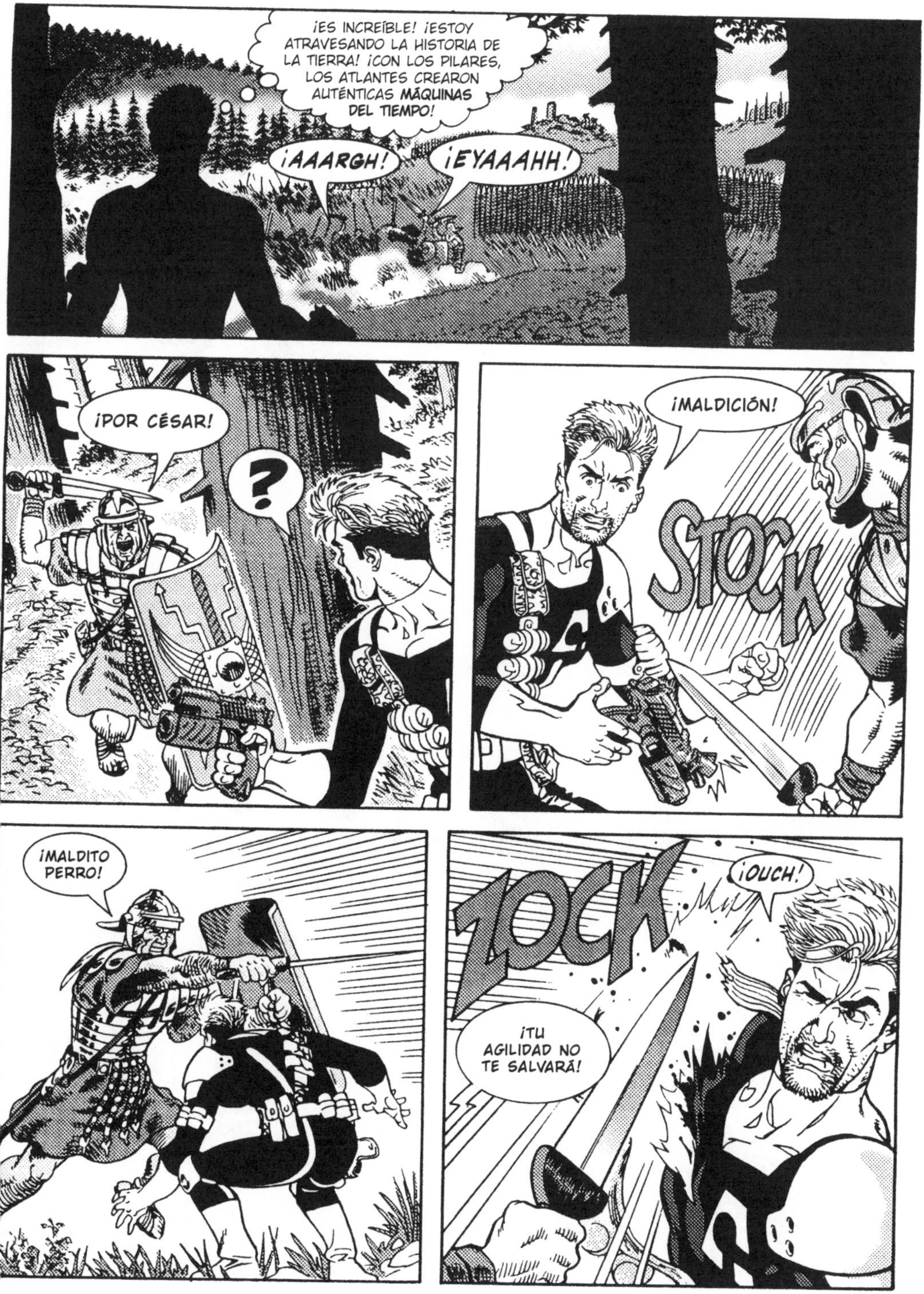
¡ES INCREÍBLE! ¡ESTOY ATRAVESANDO LA HISTORIA DE LA TIERRA! ¡CON LOS PILARES, LOS ATLANTES CREARON AUTÉNTICAS MÁQUINAS DEL TIEMPO!
¡AAARGH!
¡EYAAAHH!
¡POR CÉSAR!
?
¡MALDICIÓN!
STOCK
¡MALDITO PERRO!
ZOCK
¡OUCH!
¡TU AGILIDAD NO TE SALVARÁ!

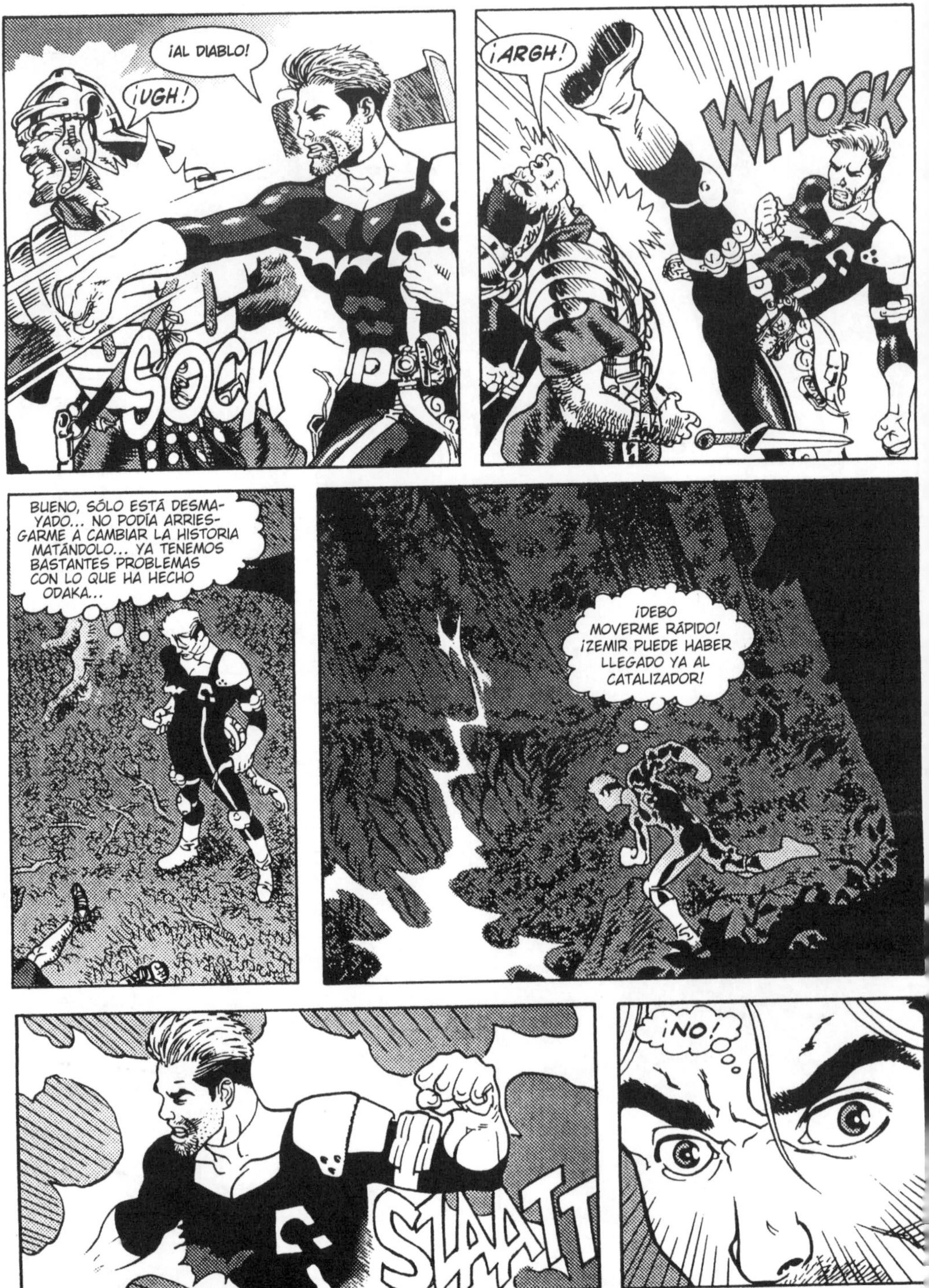
¡AL DIABLO!
¡UGH!
SOCK
¡ARGH!
WHOCK
BUENO, SÓLO ESTÁ DESMAYADO... NO PODÍA ARRIESGARME A CAMBIAR LA HISTORIA MATÁNDOLO... YA TENEMOS BASTANTES PROBLEMAS CON LO QUE HA HECHO ODAKA...
¡DEBO MOVERME RÁPIDO! ¡ZEMIR PUEDE HABER LLEGADO YA AL CATALIZADOR!
SLAATT
¡NO!

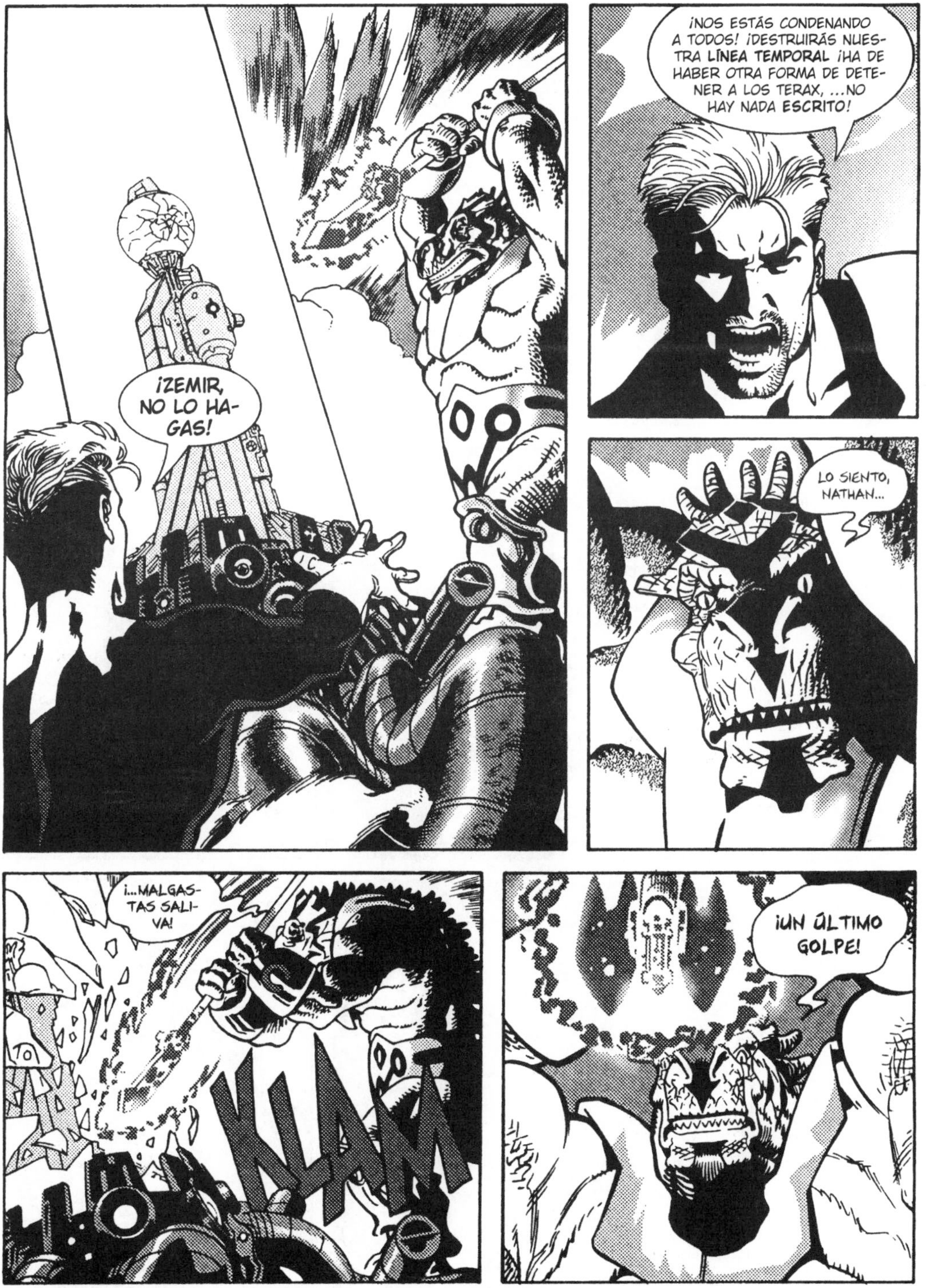
¡ZEMIR, NO LO HA-GAS!
¡NOS ESTÁS CONDENANDO A TODOS! ¡DESTRUIRÁS NUESTRA **LÍNEA TEMPORAL** ¡HA DE HABER OTRA FORMA DE DETENER A LOS TERAX, ...NO HAY NADA **ESCRITO**!
LO SIENTO, NATHAN...
¡...MALGASTAS SALIVA!
¡UN ÚLTIMO GOLPE!

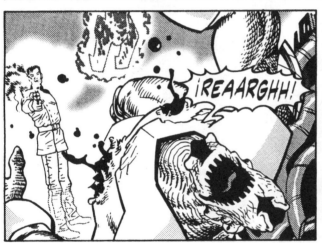

¡REAARGHH!

¿IODAKA!?

CLACK

BLIP BLIP

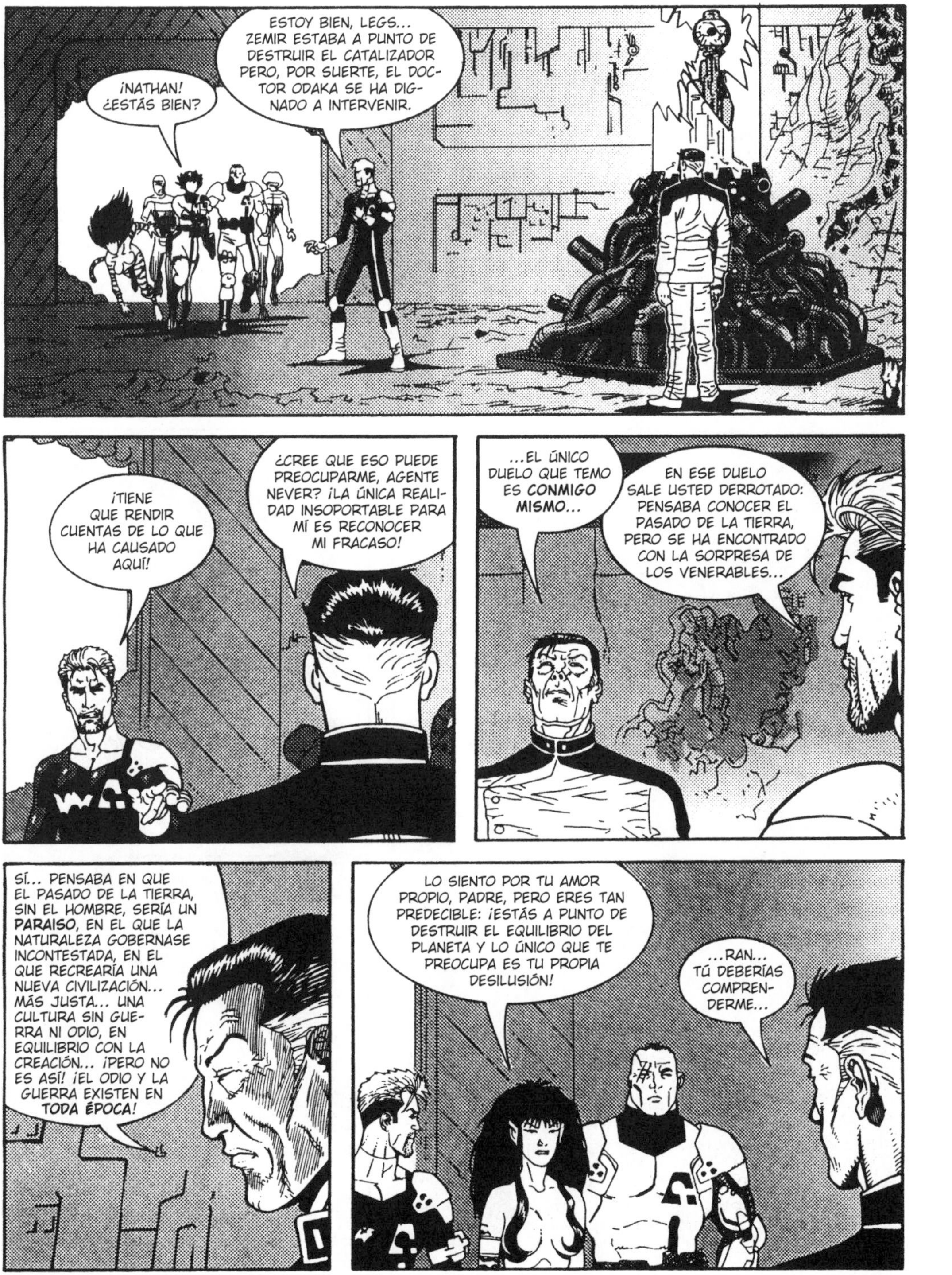
¡NATHAN! ¿ESTÁS BIEN?
ESTOY BIEN, LEGS... ZEMIR ESTABA A PUNTO DE DESTRUIR EL CATALIZADOR PERO, POR SUERTE, EL DOCTOR ODAKA SE HA DIGNADO A INTERVENIR.
¡TIENE QUE RENDIR CUENTAS DE LO QUE HA CAUSADO AQUÍ!
¿CREE QUE ESO PUEDE PREOCUPARME, AGENTE NEVER? ¡LA ÚNICA REALIDAD INSOPORTABLE PARA MÍ ES RECONOCER MI FRACASO!
...EL ÚNICO DUELO QUE TEMO ES **CONMIGO MISMO**...
EN ESE DUELO SALE USTED DERROTADO: PENSABA CONOCER EL PASADO DE LA TIERRA, PERO SE HA ENCONTRADO CON LA SORPRESA DE LOS VENERABLES...
SÍ... PENSABA EN QUE EL PASADO DE LA TIERRA, SIN EL HOMBRE, SERÍA UN **PARAISO**, EN EL QUE LA NATURALEZA GOBERNASE INCONTESTADA, EN EL QUE RECREARÍA UNA NUEVA CIVILIZACIÓN... MÁS JUSTA... UNA CULTURA SIN GUERRA NI ODIO, EN EQUILIBRIO CON LA CREACIÓN... ¡PERO NO ES ASÍ! ¡EL ODIO Y LA GUERRA EXISTEN EN **TODA ÉPOCA**!
LO SIENTO POR TU AMOR PROPIO, PADRE, PERO ERES TAN PREDECIBLE: ¡ESTÁS A PUNTO DE DESTRUIR EL EQUILIBRIO DEL PLANETA Y LO ÚNICO QUE TE PREOCUPA ES TU PROPIA DESILUSIÓN!
...RAN... TÚ DEBERÍAS COMPRENDERME...

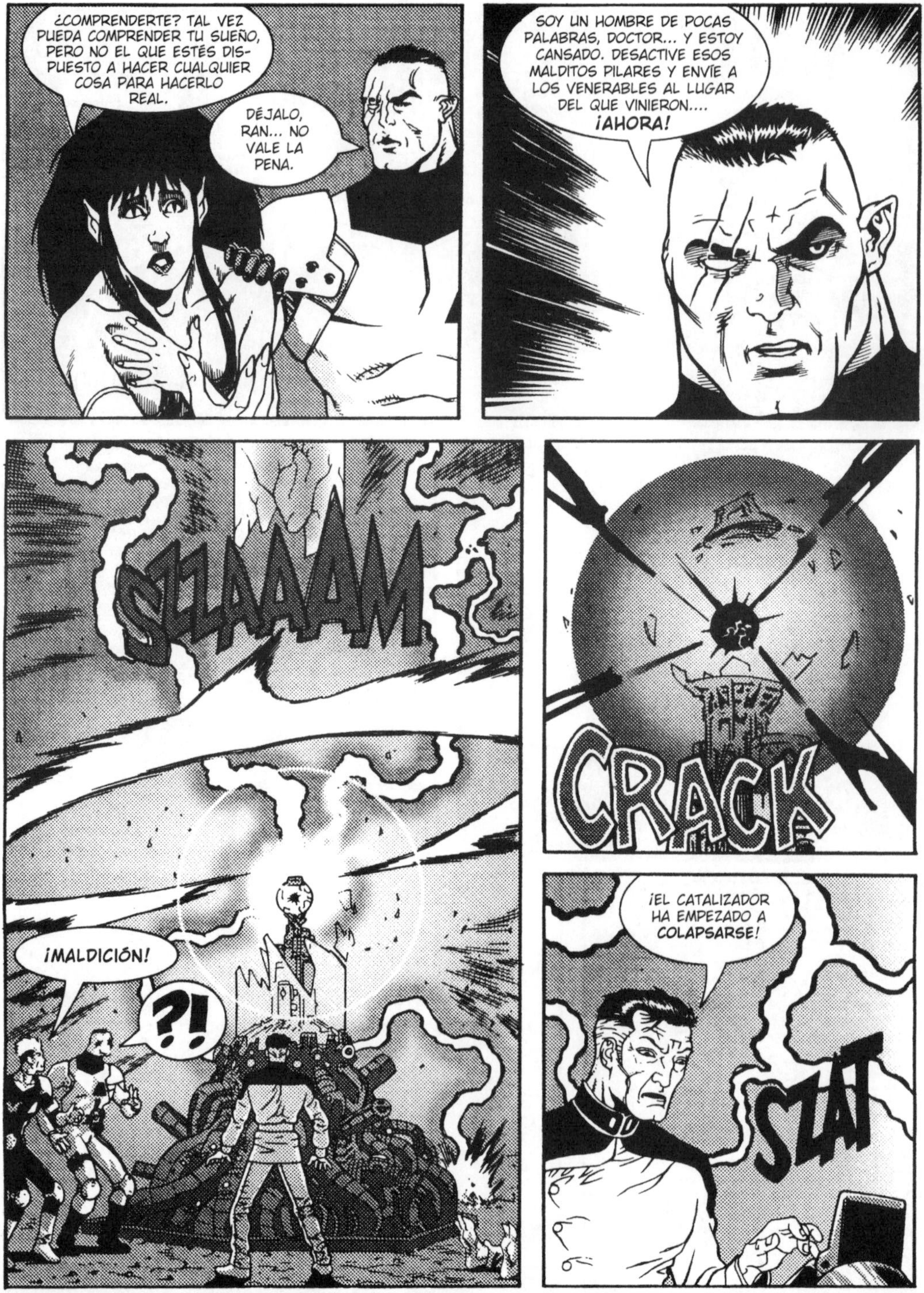
¿COMPRENDERTE? TAL VEZ PUEDA COMPRENDER TU SUEÑO, PERO NO EL QUE ESTÉS DISPUESTO A HACER CUALQUIER COSA PARA HACERLO REAL.
DÉJALO, RAN... NO VALE LA PENA.
SOY UN HOMBRE DE POCAS PALABRAS, DOCTOR... Y ESTOY CANSADO. DESACTIVE ESOS MALDITOS PILARES Y ENVÍE A LOS VENERABLES AL LUGAR DEL QUE VINIERON.... ¡AHORA!
SZZAAAM
¡MALDICIÓN!
?!
CRACK
¡EL CATALIZADOR HA EMPEZADO A COLAPSARSE!
SZAT

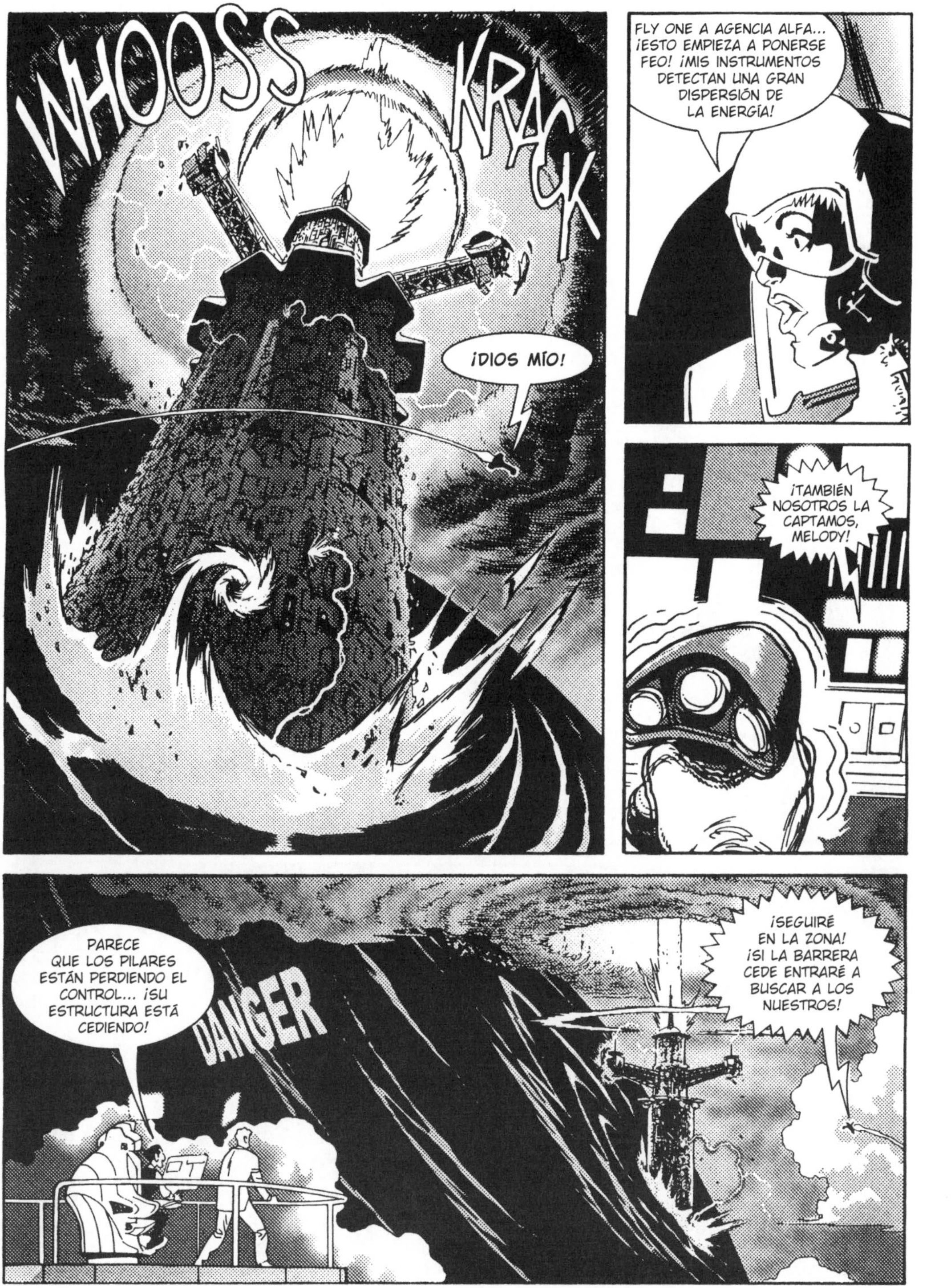
WHOOSS
KRACK
¡DIOS MÍO!
FLY ONE A AGENCIA ALFA... ¡ESTO EMPIEZA A PONERSE FEO! ¡MIS INSTRUMENTOS DETECTAN UNA GRAN DISPERSIÓN DE LA ENERGÍA!
¡TAMBIÉN NOSOTROS LA CAPTAMOS, MELODY!
PARECE QUE LOS PILARES ESTÁN PERDIENDO EL CONTROL... ¡SU ESTRUCTURA ESTÁ CEDIENDO!
DANGER
¡SEGUIRÉ EN LA ZONA! ¡SI LA BARRERA CEDE ENTRARÉ A BUSCAR A LOS NUESTROS!

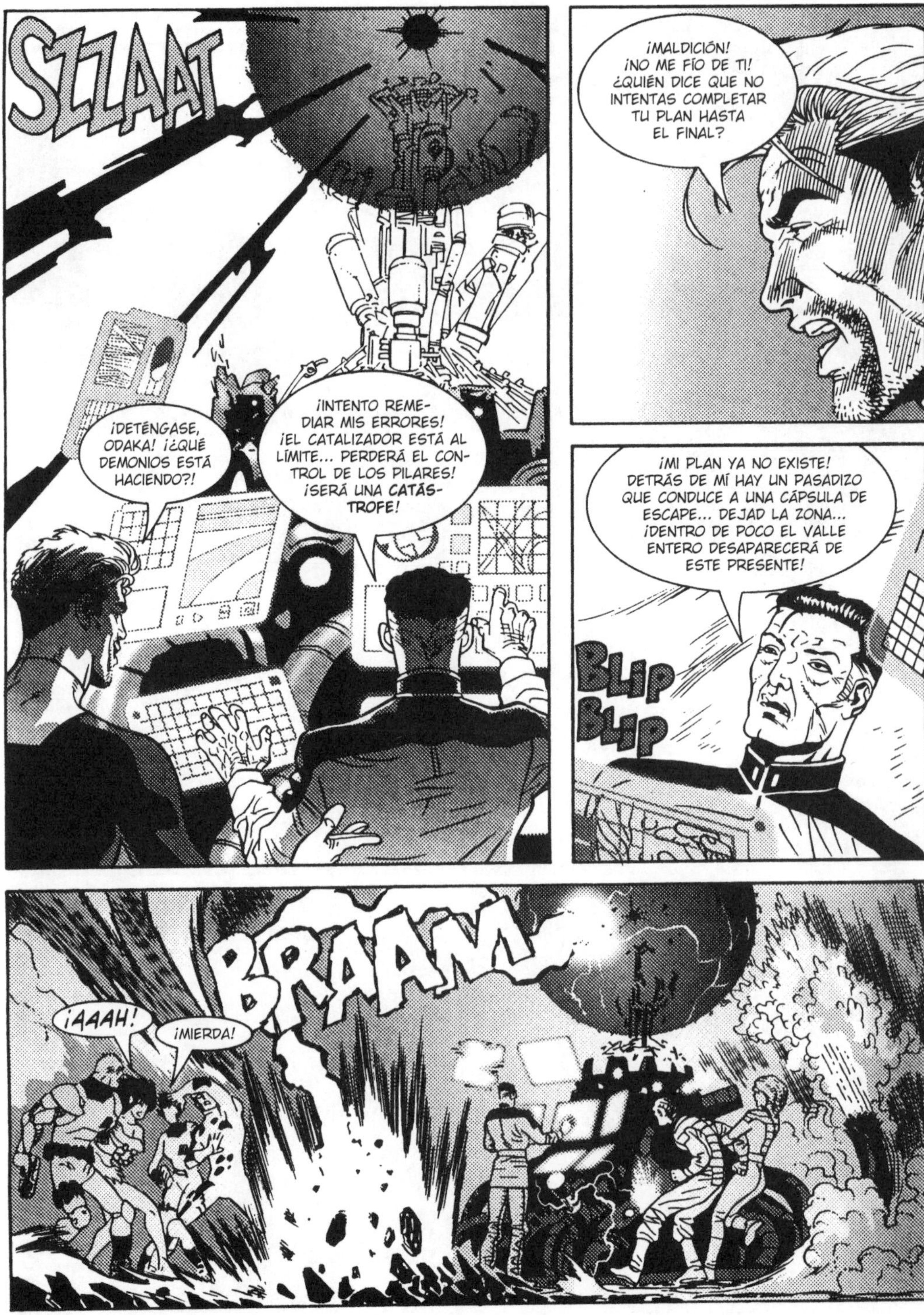
SZZAAT
¡DETÉNGASE, ODAKA! ¡¿QUÉ DEMONIOS ESTÁ HACIENDO?!
¡INTENTO REMEDIAR MIS ERRORES! ¡EL CATALIZADOR ESTÁ AL LÍMITE... PERDERÁ EL CONTROL DE LOS PILARES! ¡SERÁ UNA **CATÁSTROFE**!
¡MALDICIÓN! ¡NO ME FÍO DE TI! ¿QUIÉN DICE QUE NO INTENTAS COMPLETAR TU PLAN HASTA EL FINAL?
¡MI PLAN YA NO EXISTE! DETRÁS DE MÍ HAY UN PASADIZO QUE CONDUCE A UNA CÁPSULA DE ESCAPE... DEJAD LA ZONA... ¡DENTRO DE POCO EL VALLE ENTERO DESAPARECERÁ DE ESTE PRESENTE!
BLIP BLIP
BRAAM
¡AAAH!
¡MIERDA!

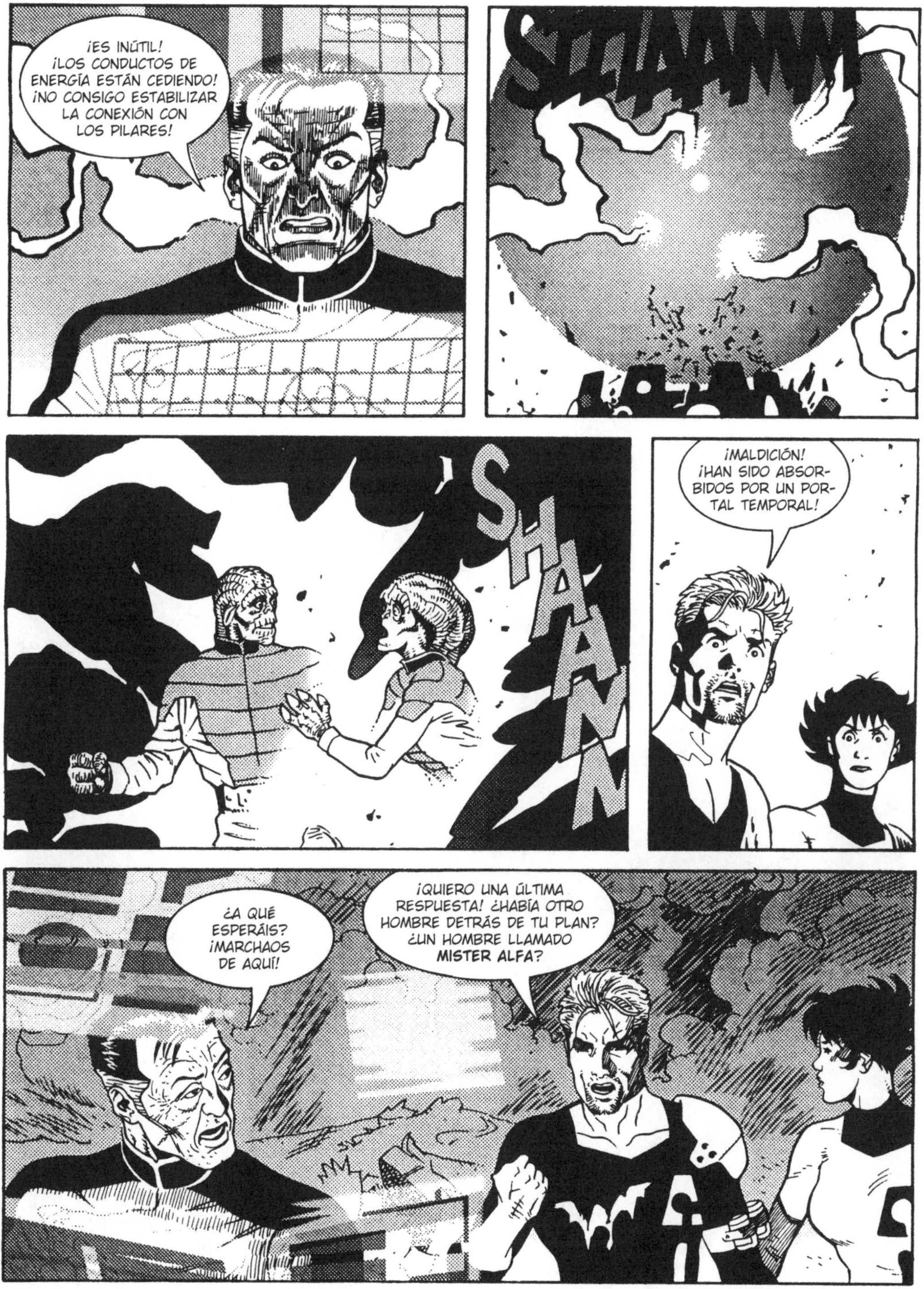
¡ES INÚTIL! ¡LOS CONDUCTOS DE ENERGÍA ESTÁN CEDIENDO! ¡NO CONSIGO ESTABILIZAR LA CONEXIÓN CON LOS PILARES!
SHAANN
¡MALDICIÓN! ¡HAN SIDO ABSORBIDOS POR UN PORTAL TEMPORAL!
¿A QUÉ ESPERÁIS? ¡MARCHAOS DE AQUÍ!
¡QUIERO UNA ÚLTIMA RESPUESTA! ¿HABÍA OTRO HOMBRE DETRÁS DE TU PLAN? ¿UN HOMBRE LLAMADO **MISTER ALFA**?

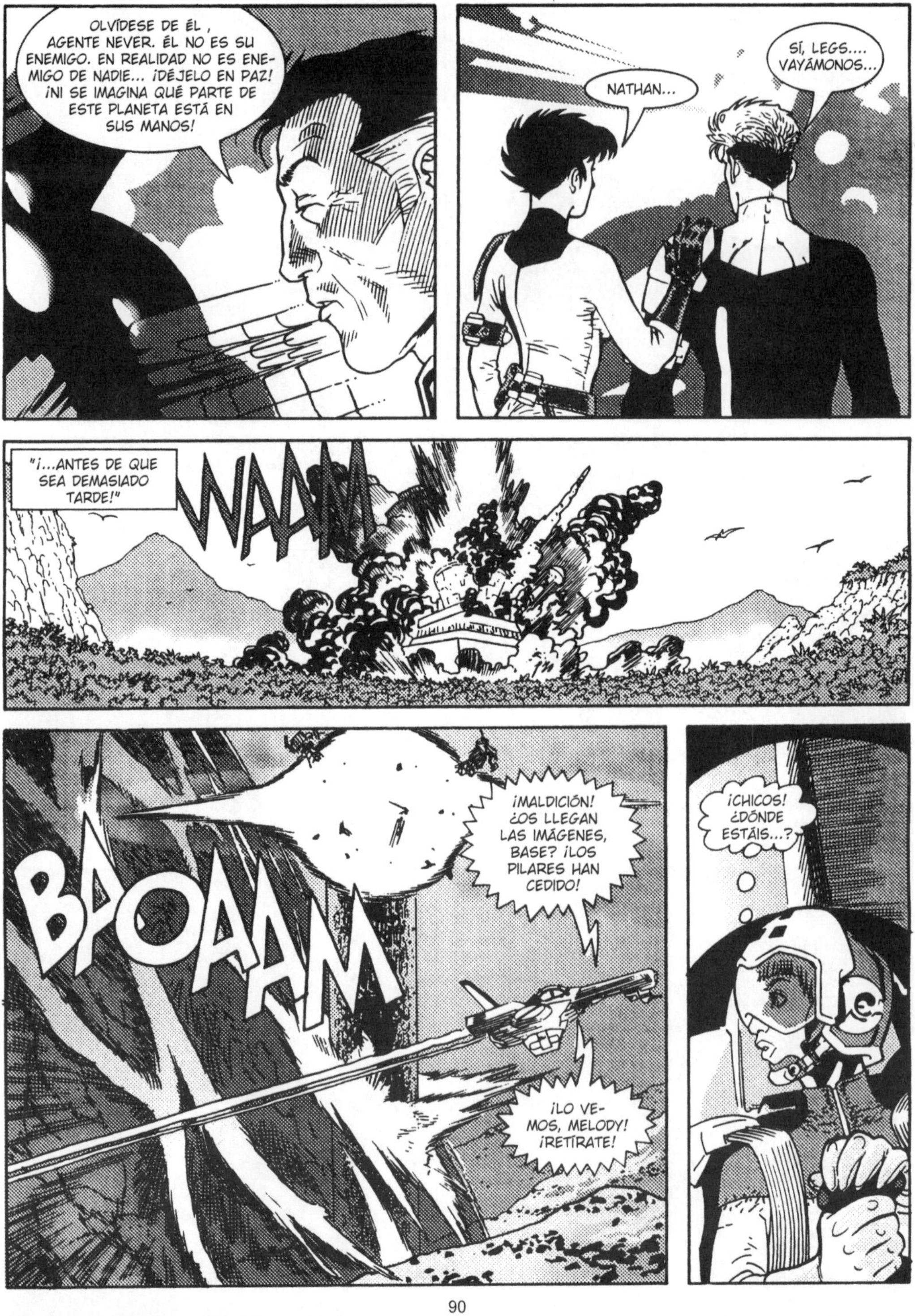

OLVÍDESE DE ÉL , AGENTE NEVER. ÉL NO ES SU ENEMIGO. EN REALIDAD NO ES ENEMIGO DE NADIE... ¡DÉJELO EN PAZ! ¡NI SE IMAGINA QUÉ PARTE DE ESTE PLANETA ESTÁ EN SUS MANOS!
NATHAN...
SÍ, LEGS.... VAYÁMONOS...
"¡...ANTES DE QUE SEA DEMASIADO TARDE!"
WAAM
BAOAAM
¡MALDICIÓN! ¿OS LLEGAN LAS IMÁGENES, BASE? ¡LOS PILARES HAN CEDIDO!
¡LO VEMOS, MELODY! ¡RETÍRATE!
¡CHICOS! ¿DÓNDE ESTÁIS...?

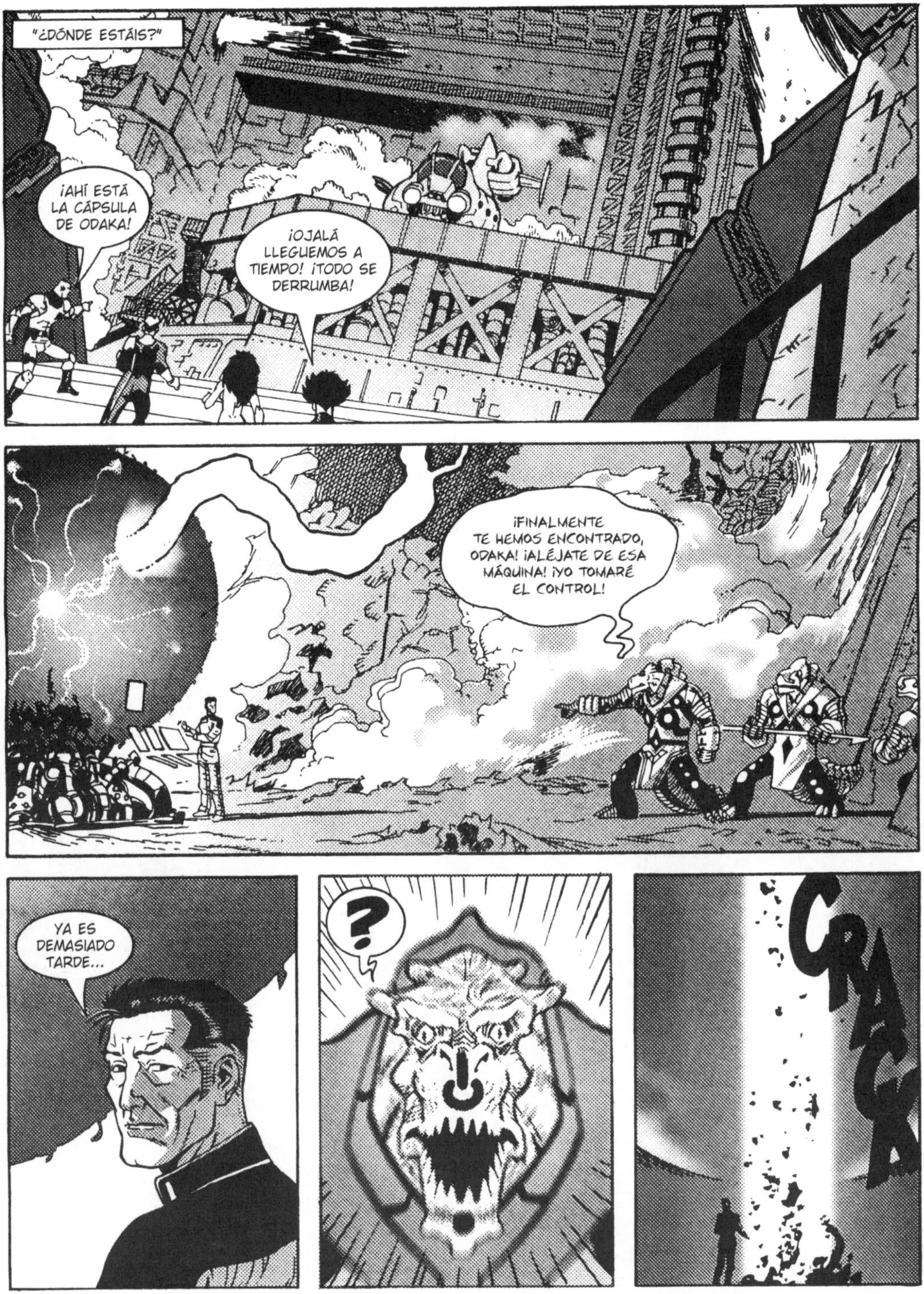
"¿DÓNDE ESTÁIS?"
¡AHÍ ESTÁ LA CÁPSULA DE ODAKA!
¡OJALÁ LLEGUEMOS A TIEMPO! ¡TODO SE DERRUMBA!
¡FINALMENTE TE HEMOS ENCONTRADO, ODAKA! ¡ALÉJATE DE ESA MÁQUINA! ¡YO TOMARÉ EL CONTROL!
YA ES DEMASIADO TARDE...
?
CRACK

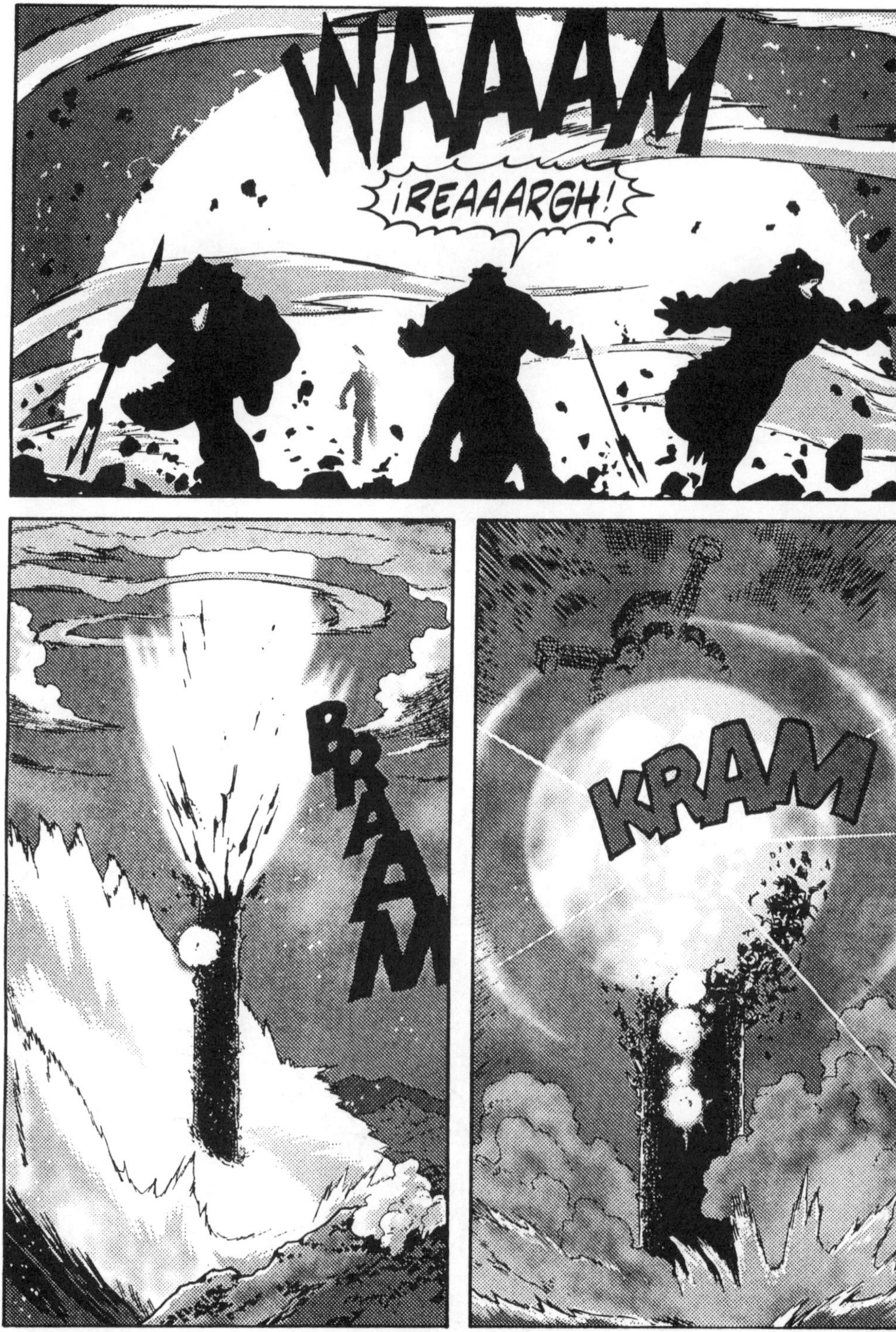
WAAAM
¡REAAARGH!
BRAAAM
KRAM

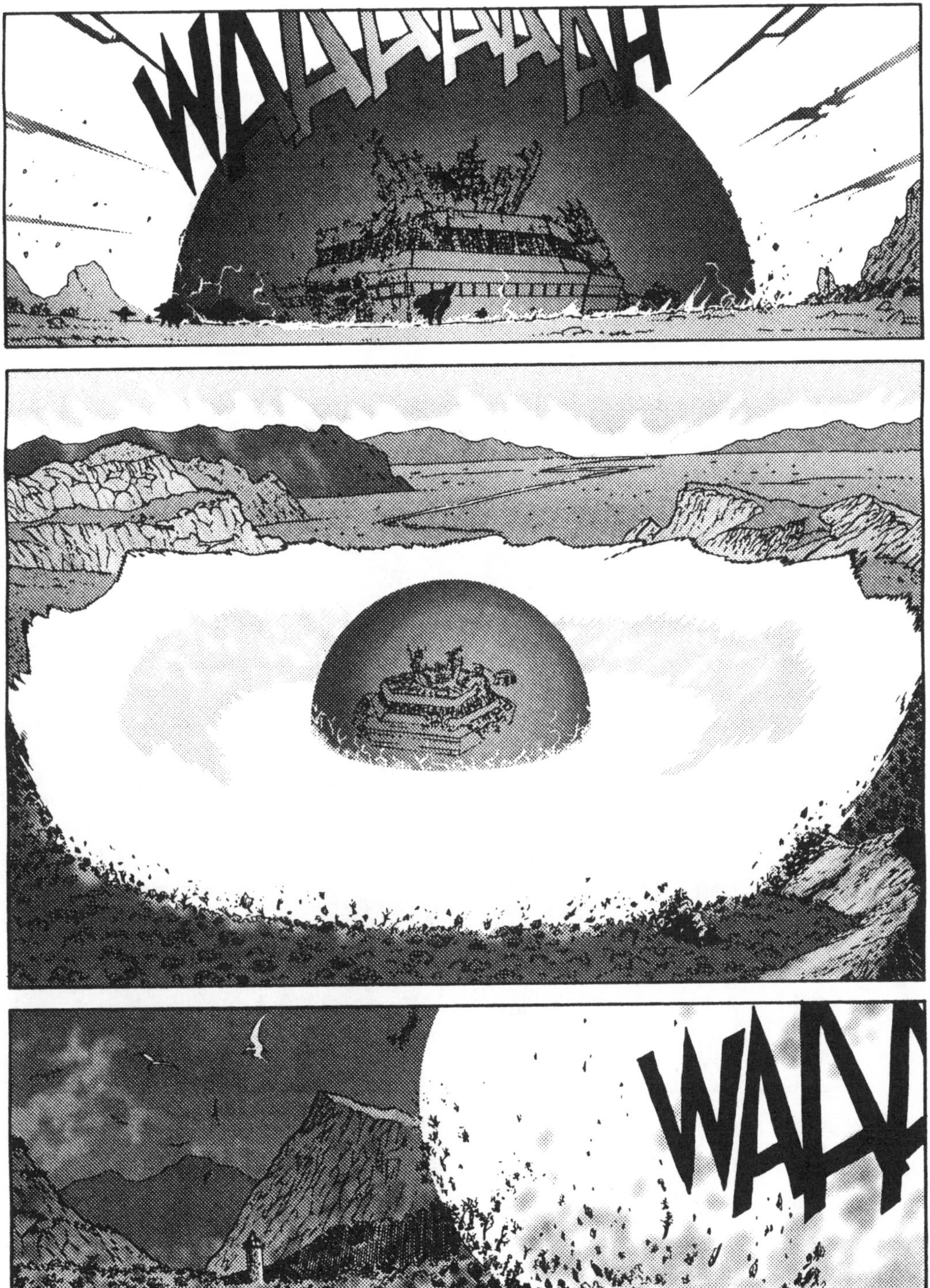
WAAAAAAH
WAA

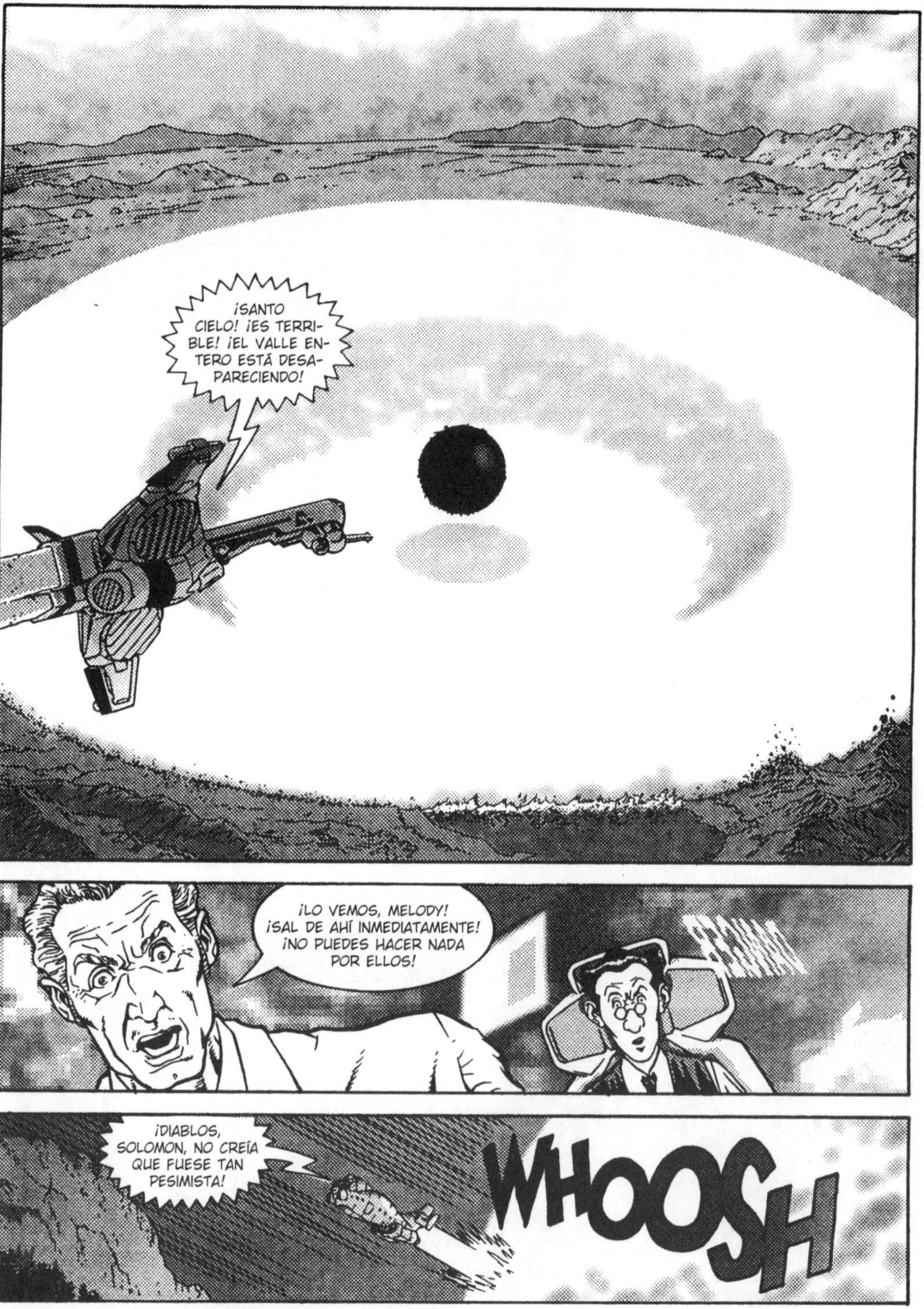
¡SANTO CIELO! ¡ES TERRIBLE! ¡EL VALLE ENTERO ESTÁ DESAPARECIENDO!
¡LO VEMOS, MELODY! ¡SAL DE AHÍ INMEDIATAMENTE! ¡NO PUEDES HACER NADA POR ELLOS!
¡DIABLOS, SOLOMON, NO CREÍA QUE FUESE TAN PESIMISTA!
WHOOSH

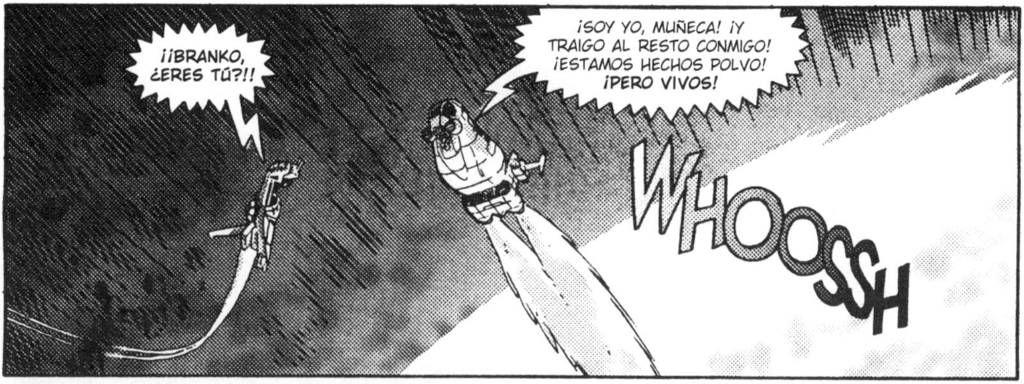
¡¡BRANKO, ¿ERES TÚ?!!
¡SOY YO, MUÑECA! ¡Y TRAIGO AL RESTO CONMIGO! ¡ESTAMOS HECHOS POLVO! ¡PERO VIVOS!
WHOOSSH

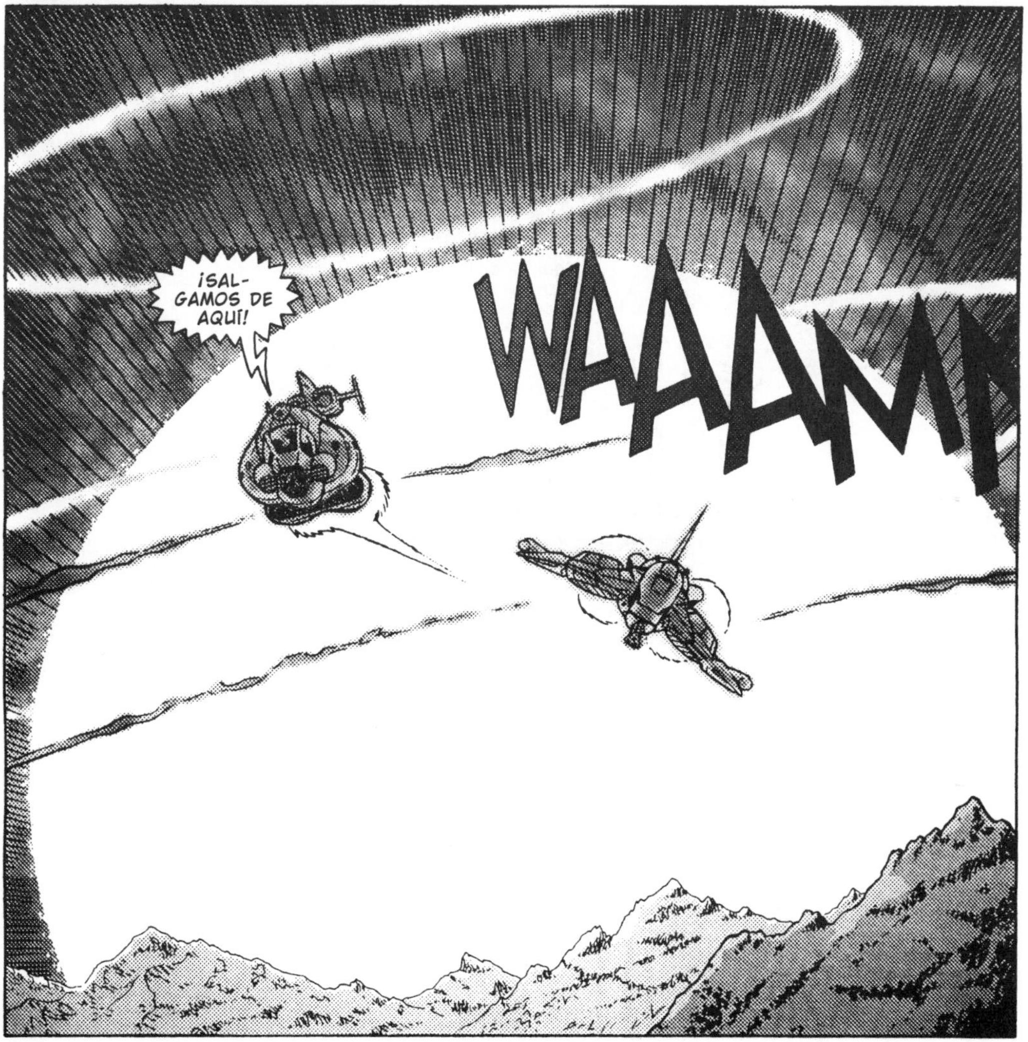
¡SAL- GAMOS DE AQUÍ!
WAAAM

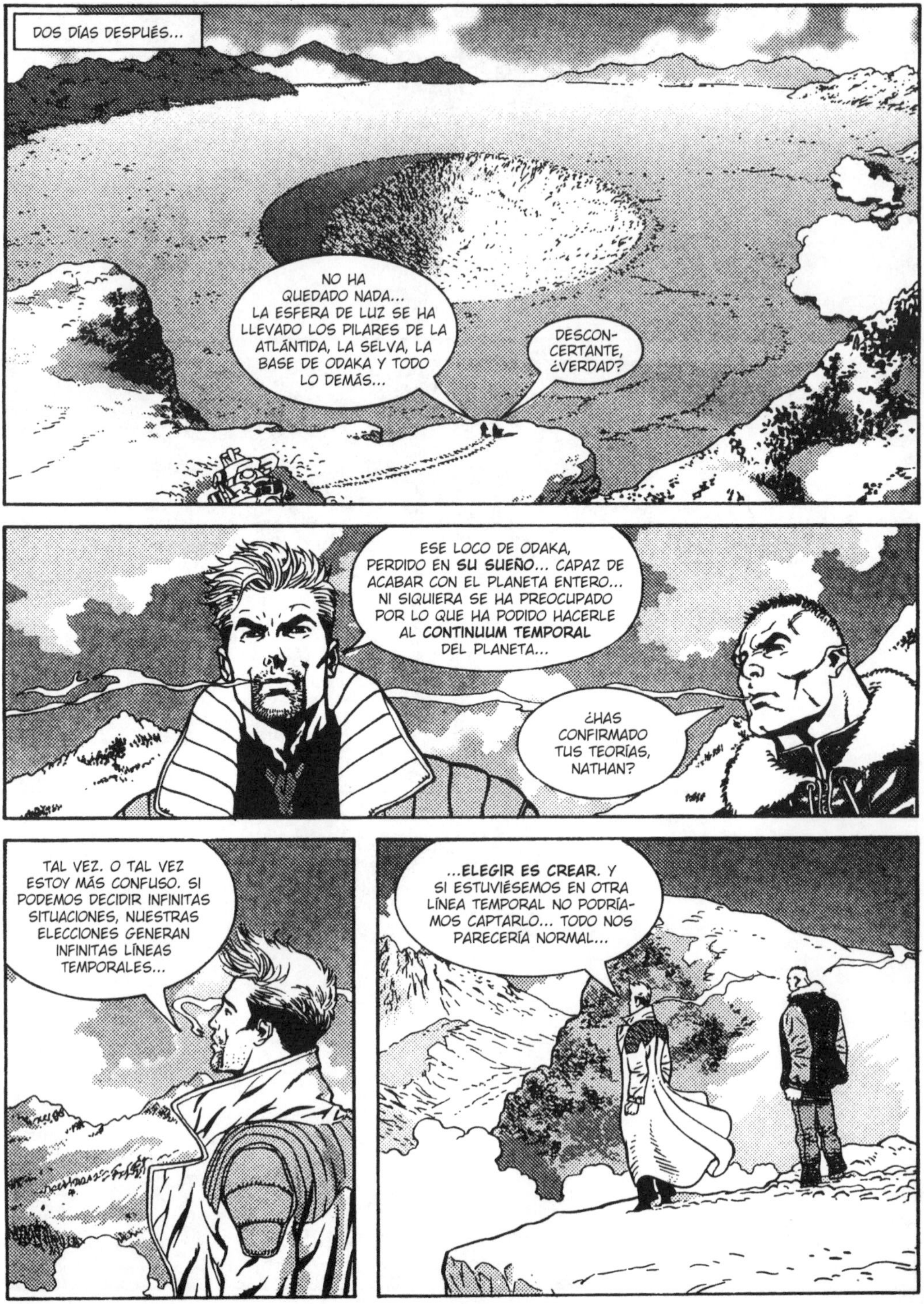
DOS DÍAS DESPUÉS...
NO HA QUEDADO NADA... LA ESFERA DE LUZ SE HA LLEVADO LOS PILARES DE LA ATLÁNTIDA, LA SELVA, LA BASE DE ODAKA Y TODO LO DEMÁS...
DESCON-CERTANTE, ¿VERDAD?
ESE LOCO DE ODAKA, PERDIDO EN **SU SUEÑO**... CAPAZ DE ACABAR CON EL PLANETA ENTERO... NI SIQUIERA SE HA PREOCUPADO POR LO QUE HA PODIDO HACERLE AL **CONTINUUM TEMPORAL** DEL PLANETA...
¿HAS CONFIRMADO TUS TEORÍAS, NATHAN?
TAL VEZ. O TAL VEZ ESTOY MÁS CONFUSO. SI PODEMOS DECIDIR INFINITAS SITUACIONES, NUESTRAS ELECCIONES GENERAN INFINITAS LÍNEAS TEMPORALES...
...**ELEGIR ES CREAR**. Y SI ESTUVIÉSEMOS EN OTRA LÍNEA TEMPORAL NO PODRÍA-MOS CAPTARLO... TODO NOS PARECERÍA NORMAL...

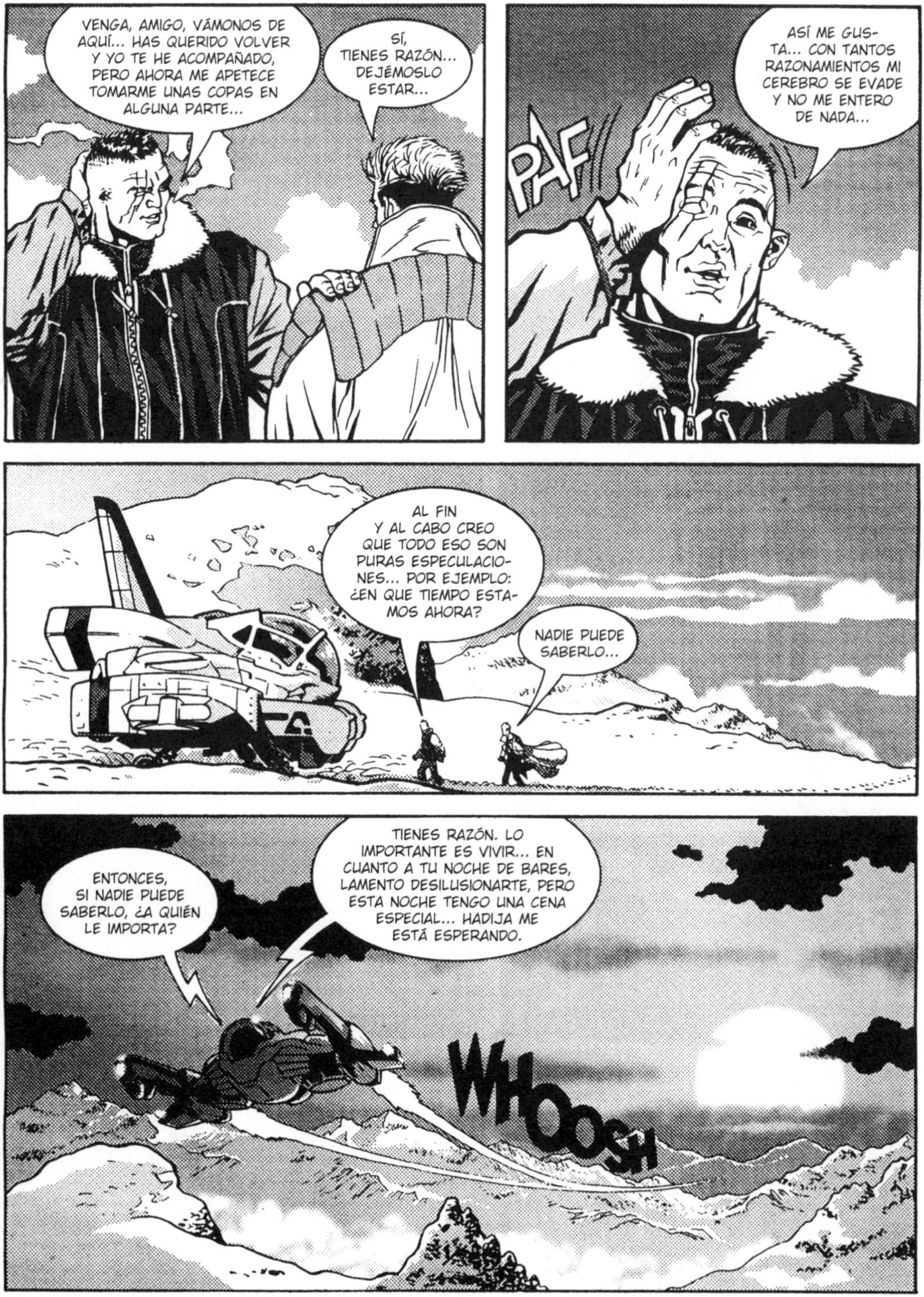
VENGA, AMIGO, VÁMONOS DE AQUÍ... HAS QUERIDO VOLVER Y YO TE HE ACOMPAÑADO, PERO AHORA ME APETECE TOMARME UNAS COPAS EN ALGUNA PARTE...
SÍ, TIENES RAZÓN... DEJÉMOSLO ESTAR...
PAF
ASÍ ME GUSTA... CON TANTOS RAZONAMIENTOS MI CEREBRO SE EVADE Y NO ME ENTERO DE NADA...
AL FIN Y AL CABO CREO QUE TODO ESO SON PURAS ESPECULACIONES... POR EJEMPLO: ¿EN QUE TIEMPO ESTAMOS AHORA?
NADIE PUEDE SABERLO...
ENTONCES, SI NADIE PUEDE SABERLO, ¿A QUIÉN LE IMPORTA?
TIENES RAZÓN. LO IMPORTANTE ES VIVIR... EN CUANTO A TU NOCHE DE BARES, LAMENTO DESILUSIONARTE, PERO ESTA NOCHE TENGO UNA CENA ESPECIAL... HADIJA ME ESTÁ ESPERANDO.
WHOOSH

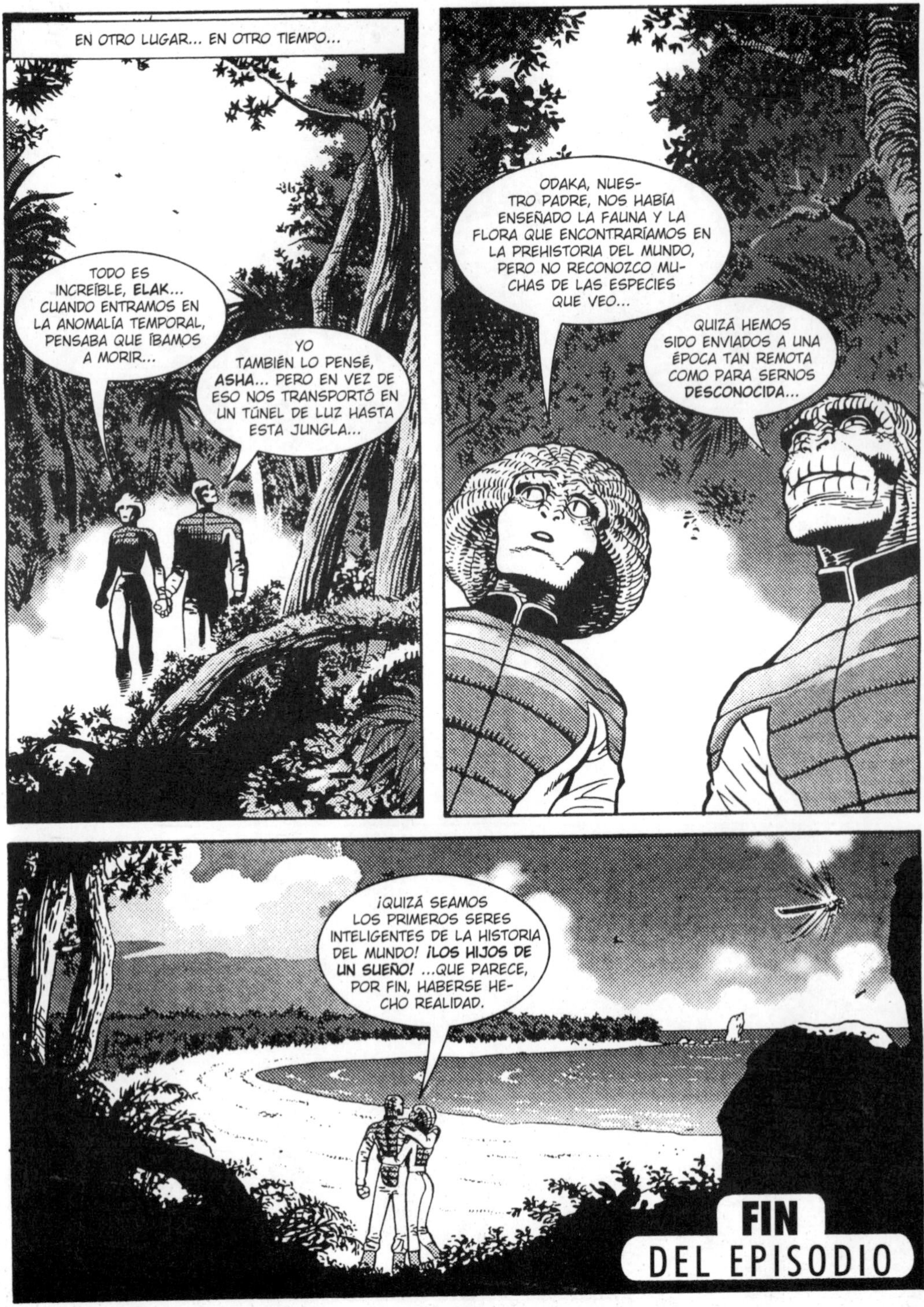

EN OTRO LUGAR... EN OTRO TIEMPO...
TODO ES INCREÍBLE, ELAK... CUANDO ENTRAMOS EN LA ANOMALÍA TEMPORAL, PENSABA QUE ÍBAMOS A MORIR...
YO TAMBIÉN LO PENSÉ, ASHA... PERO EN VEZ DE ESO NOS TRANSPORTÓ EN UN TÚNEL DE LUZ HASTA ESTA JUNGLA...
ODAKA, NUESTRO PADRE, NOS HABÍA ENSEÑADO LA FAUNA Y LA FLORA QUE ENCONTRARÍAMOS EN LA PREHISTORIA DEL MUNDO, PERO NO RECONOZCO MUCHAS DE LAS ESPECIES QUE VEO...
QUIZÁ HEMOS SIDO ENVIADOS A UNA ÉPOCA TAN REMOTA COMO PARA SERNOS DESCONOCIDA...
¡QUIZÁ SEAMOS LOS PRIMEROS SERES INTELIGENTES DE LA HISTORIA DEL MUNDO! ¡LOS HIJOS DE UN SUEÑO! ...QUE PARECE, POR FIN, HABERSE HECHO REALIDAD.
FIN
DEL EPISODIO